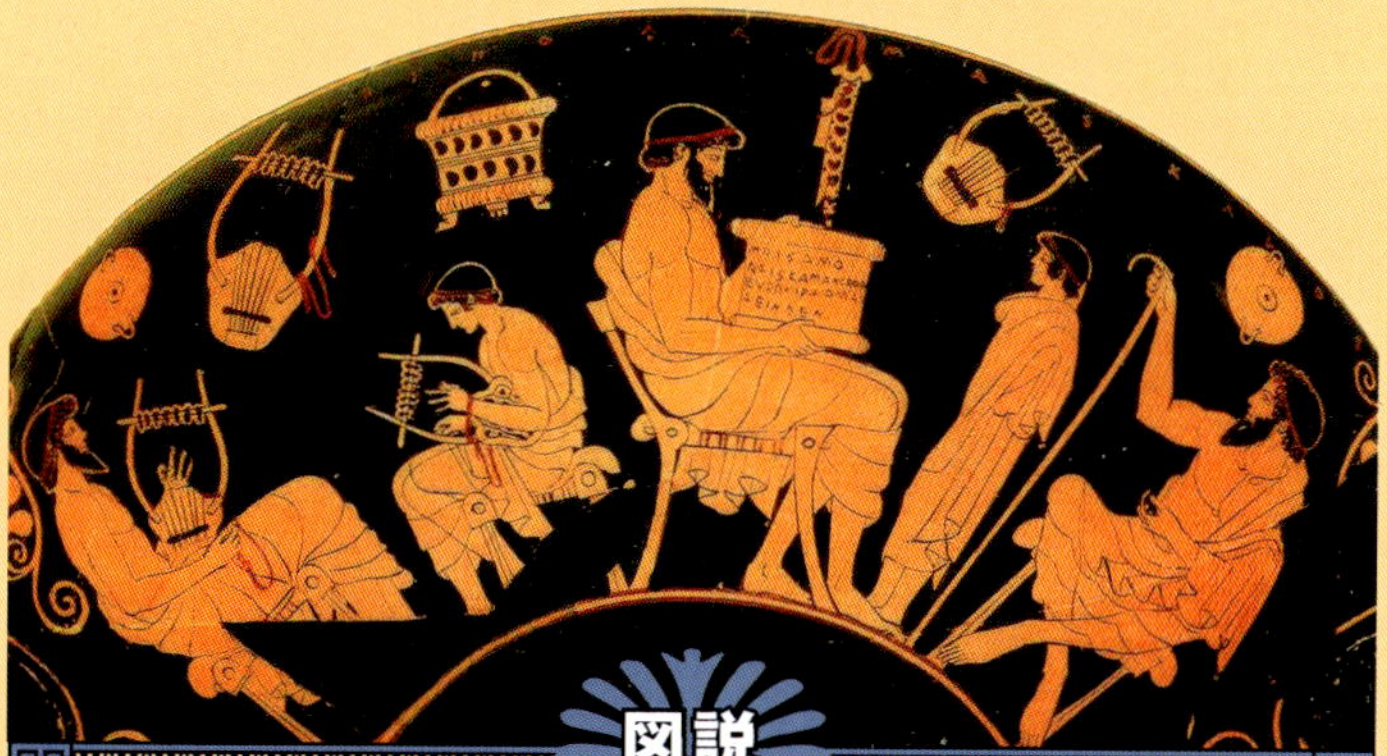

図説

古代ギリシアの暮らし

髙畠純夫 齋藤貴弘 竹内一博

●河出書房新社●

地図作成・小野寺美恵

はじめに

古代ギリシアに生きた人たちはどのような暮らしを送っていたのだろうか？　プラトンやアリストテレス、あるいはアイスキュロスやトゥキュディデス、またはペリクレスやデモステネス、古代ギリシア人として知られる人物は数多いが、彼らは一体どのような生活を送りつつ、哲学を語り、悲劇や史書を書き、弁論を論じていたのだろうか？　何を着、何を食べ、どのようなところに住んでいたのだろうか？　今に残るパルテノン神殿の威容を前にして、かつての繁栄に思いをはせるとき、そこに生きた人間を具体的に思い浮かべてみたいと思うのは人の常だろう。そのとき、人々の暮らしは大きな関心をもって浮かび上がる。彼らの衣食住を知らなければ、彼らの具体的姿は思い浮かべようもない。

しかし、当時の衣食住を知ればパルテノンの威容は理解できるのだろうか？　私たちの知りたいのは、いや、知るべきなのは、パルテノンを生み出すにいたった暮らしの総体とでも言うべきものではなかろうか。人はさまざまな慣習や制度の中に生き、社会を構成し、社会を動かし、歴史が作られていく。そうした社会的人間こそが関心の対象となるべきであろう。彼らの喜びや悲しみ―子どもが生まれたときの喜び、成長していく過程でさまざまに経験する祭や競技会の熱狂、国が勝利したあるいは敗れたと聞くときの胸の高鳴りや痛み―、そうしたものをもっとリアリティーを持って想像できるようになることが、古代ギリシアに生きた具体的人間を知るということであろう。本書の全体はそれを求めて作られる。

本書で主に語られるのは、アテナイという一つのポリスの、前五、四世紀の状況である。古代ギリシア史をポリスの歴史と考えるとしても、ポリスは前八世紀頃から現れ始め、紀元後六世紀までは存在が認められるし、さらにその数は、総数にすれば一千を越えるとされる。それだから、この選択はいかにも片寄ったもののように見える。「古代ギリシアの」と銘打ちながら、あるポリスのある特定の時代の状況を語ることに、どの程度の意味があるのだろうか？　その答えはこちら側が何を求めるかによって違うだろう。今見たようにパルテノンの威容から往時を偲ぼうとする者には、この時期のアテナイを見ることに大きな意味が認められようし、ミュケナイ時代の遺跡に関心のある者や、スパルタというポリスに関心のある者には、それでは不十分だとしか感じられないだろう。今、古典期のアテナイに焦点を絞るのは筆者たちの選択であるが、それは古代ギリシア人の心の内にまで迫れる史料が、何より古典期アテナイに集中しており、筆者たちのこれまでの仕事もそうした史料を用いたものが主だったからである。古典期アテナイにおける人々の暮らしなら、何とか自信を持って説明ができる、そうした思いと共に、そうしたことを語れば、ミュケナイ時代であれ、スパルタであれアテナイ以外の古代ギリシアに関心を持つ人にとっても役立つに違いない、という思いもある。あくまで古典期アテナイに軸を置きつつ、なるべく確かな情報に基づきながら、そこでの暮らしを明らかにして、他とも比較ができる素材を提供したいと思う。

さて、先に名前を挙げた人々の内、デモステネスはどうしてか最近高校の教科書から名前が消えてしまったが、その他は名前が掲載され、受験生なら知っているはずの有名人である。彼らはアリストテレスを除いて皆アテナイ人で、アリストテレス自身も長くアテナイに暮らし、そこで思想を練り上げた人物である。念のため言えば、デモステネスはマケドニアのフィリッポス二世と対立したアテナイの著名な政治家であり弁論家である。これらの者たちが生きたのは前五世紀～前四世紀で、古代ギリシア史の上で古典期と呼ばれる時代である。どうしてこの時期のアテナイにこのような人物が集中して現れたのだろうか？　それは後世の人、とりわけルネサンス期以降のヨーロッパ人が古代ギリシ

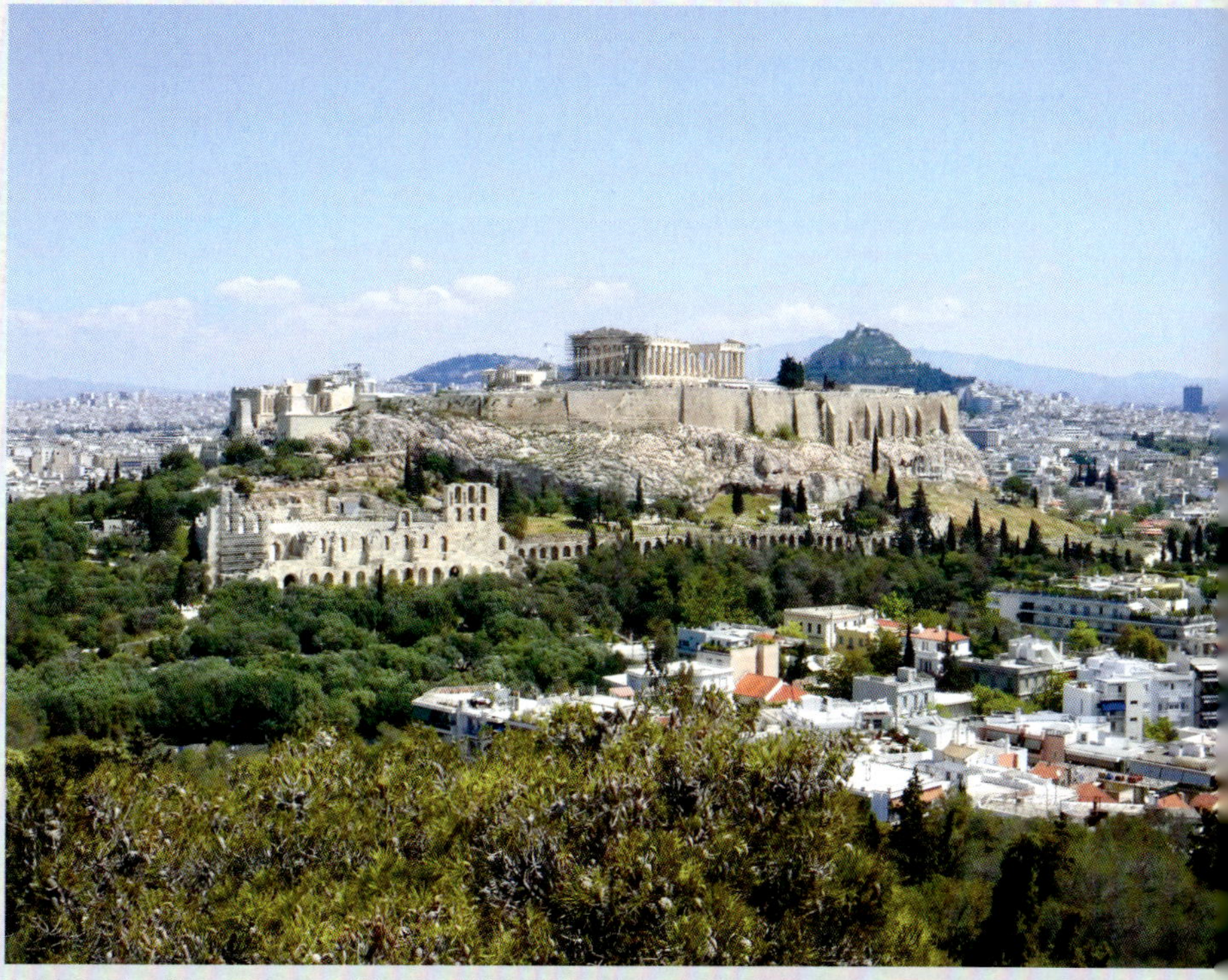

▲現在のアクロポリス。このアクロポリスも19世紀に再発見された。（撮影：竹内）

▲1820年頃のアクロポリス。オスマン・トルコの要塞として使われていた。要塞としての使用が停止されたのは1833年夏である。この頃から多くのヨーロッパ人観光客がギリシアを訪れるようになり、彼らの精神的故郷を発見していった。(Purser William画。1800～1830年頃)

アに精神の故郷を見、これらの人たちに大きな関心を抱いて有名人としたからであると、後世の側の事情を指摘できるかもしれない。しかし、それであっても後世の人を魅了するような人間が、この時期のアテナイに多数現れたことは確かであろう。当時の暮らしを知り、彼らを取り巻く環境を知ることが、直接にその理由の解明にはならないにしても、彼らを一層間近に感じ、彼らの行動、言動の理解を容易にすることにはなるだろう。

以上を念頭に、古典期アテナイで繰り広げられた暮らしの諸相を明らかにしたいと思う。まず、当時のアテナイの景観を基礎的情報とともに考える。ついで、アテナイ市民の一生を誕生から死までたどる。さらに、ポリスに生きる人々をいくつかの層に分けて見てみる。そして、最後に衣食住など日常生活のあり様を具体的に示す。それらの合間にいくつかのトピックをはさみつつ話を進めて、古典期アテナイでの暮らしぶりがいくらかでも身近なものに感じられるようになれば嬉しい。

▲イリソス川から見たアテネ。1834年。この頃イリソス川はほぼ完全に干上がっていたという。後に見るプラトン『ファイドロス』の一節（コラム14）がこうした絵を描かせた。

▲ヘファイステイオン（テセイオンとも呼ばれる）の方から見たアクロポリス。1869年。この頃アテネは急速に都市として発展をしていた。ヘファイステイオンは残存状態が良く1835年以降博物館として使われていた。（V. Lanza, View of the Area around Theseum）

▶上の図と同方向から見たアクロポリス。1880年。写真。アクロポリス北側に多くの家が建ちはじめ、手前の方には柵を建て木を植えて考古学遺跡として整備され始めた状況が窺われる。

▲デモステネス（前384年～前322年）。（パリ、ルーブル美術館）

▲プラトン（前427年～前347年）。（ミュンヘン、グリュプトテーク）

第1章 アテナイの景観

1 アテナイというポリス

地図を見てみよう。今日ギリシアといえば、バルカン半島の一番先の部分に位置するギリシャ共和国を指すのが一般である。しかし、前五、四世紀の問題の時代にこうした国は存在しなかった。いや、ギリシアの名を冠する国が存在するようになったのはようやく一八三〇年のことで、それまではそうした国はどこにも存在しなかったのである。前五、四世紀に存在したのは、「ギリシア人」と呼ばれる人々と、ポリスと呼ばれる小さな国家であった。「ギリシア人」とは、ギリシア語を話し、共通の神々を崇拝してポリスを形成して暮らしている人々であった。彼らは自分たちのことを「ヘレネス」と呼び、それ以外の人間を「バルバロイ」と呼んで区別していた。

ただし、同じヘレネスの間でも言葉（方言）の違いは大きかった。各ポリスはミュケナイ時代からの連続を考えれば七〇〇年以上の、前八世紀以降の建国だとしても三〇〇年程度の独自の歴史を持ったから、それぞれ独立国として自らの独立自治を保とうとする意志の方が、ヘレネスとしてまとまろうとする思いよりもはるかに強かった。

ポリスは地中海全域に散らばり、黒海周辺にも存在していた。多く存在したのはシチリアからイタリア半島先端を通ってバルカン半島の南部の現ギリシャ共和国の領域と、小アジアの沿岸地帯である。先述したように、総数で一千を超すポリスが存在するが、同時期に一千のポリスが存在したわけではなかった。しかし、最盛期の前五、四世紀にはそれに近い数が存在していたであろう。

この中でアテナイは大きな存在であった。前五世紀初めのペルシア戦争勝利の立役者であり、その名声と依然続くペルシアの脅威を背景に、デロス同盟を形成して多くのポリスを従えることとなった。同盟は二〇〇～三五〇のポリスから成り、アテナイは各ポリスから貢納金を取り立てた。それをほぼ自国の収入として扱い、同盟は実質的にアテナイ帝国となった。国家の富裕化は、国内体制充実のための余裕を与え、貧しい市民の参加を確かなものとする民主政を確立させた。前五世紀の末には、スパルタとその同盟国と戦ったペロポネソス戦争に敗北したが、大国としての地位は揺るがず、民主政は維持され、一部にはさらに精緻なものとされるにいたった。この民主政は前三二二年にマケドニアによって変更を余儀なくされるまで続いた。したがって、本書で述べようとするのは、民主政下にあるアテナイにおける暮らしである。

2 アテナイの地理的状況

都市国家アテナイのしめる領域をアッティカという。国家の面積は島嶼《とうしょ》を含め、帰属が不安定なオロピアを除いて約二五五〇平方キロメートル、これは日本の都道府県で言えば四二位の佐賀県にほぼ近い大きさである。ポリスの八〇パーセント近くが二〇〇平方キロ

▲地中海世界・オリエント世界地図。ペルシア戦争の頃（前480年頃）。（*Westerman Grosser Atlas zur Weltgeschichte*, 1976, pp.14-15に基づき作図）

◀貢租初穂表の全体像。デロス同盟加盟国からの貢租の60分の1をアテナ女神に捧げ、その記録が残っている。各国の名前といくら払ったか（60倍すれば実際の貢租額が出る）が並べられている。3.5メートルの高さの方形で4面に刻まれている。ただし、非常に断片的で知りうることは限られる。記載されている国名を細かく調べれば350ほどを確認できる。（アテネ碑文博物館。撮影：齋藤）

メートル以下であることを考えれば、これは例外的に大きかった。アッティカ全体は一三九の区に分かれ、区は所在地によって、①中心市周辺の都市部、②ペンテリコン山からヒュメットス山東に至る内陸部、③その他のエレウシス周辺と東部の海岸周辺の沿岸部、のいずれかに分類される。①〜③それぞれは、いくつかの区からなる一〇の集団（トリッテュス）に分かれる。そして①〜③それぞれから一つずつ、三つのトリッテュスが組み合わされて一つの部族が形成される。部族は必ず①〜③の三地域の区民を含むことになる。アテナイ民主政の平等性は各部族の平等性であり、各部族は人口に応じて各区から選ばれる五〇〇人評議員の数を定めるなどして各区の公平性を保った。

「ポリス」という言葉は多義的で、「都市国家」のほか、その中心市である「都市部」だけを意味することもある。「アテナイ」という言葉もそれと同様に、都市国家を表すことも、都市国家の中心市を表すこともある。「都市部」以外の都市国家の領域は「コーラ」と呼ばれ、農地や放牧地、山地や荒蕪地《こうぶち》が含まれる。通常都市国家「ポリス」は一つの中心市「ポリス」とコーラから成っている。アテナイもその例に漏れないが、例外的な大きさから、コーラに居住する人が、集落を作ってであれ、孤立的にであれ、多いという特色を持つ。区は独立自治的な存在で、独自の区民総会を持ち、独自の祭典も開かれる。市民であることを認めるのも、戦争が起こって徴兵が行われる際、誰を徴兵するか将軍に助言するのも区であった。

しかし、民会や裁判が開かれるのは中心市であり、政治の舞台は中心市であった。民会は定例会が年四〇回開かれ、その他に必要に応じて臨時会が開かれた。民会も裁判も早朝から開かれ、中心市から離れたコーラに住む者は夜を徹して中心市に赴く必要があった。

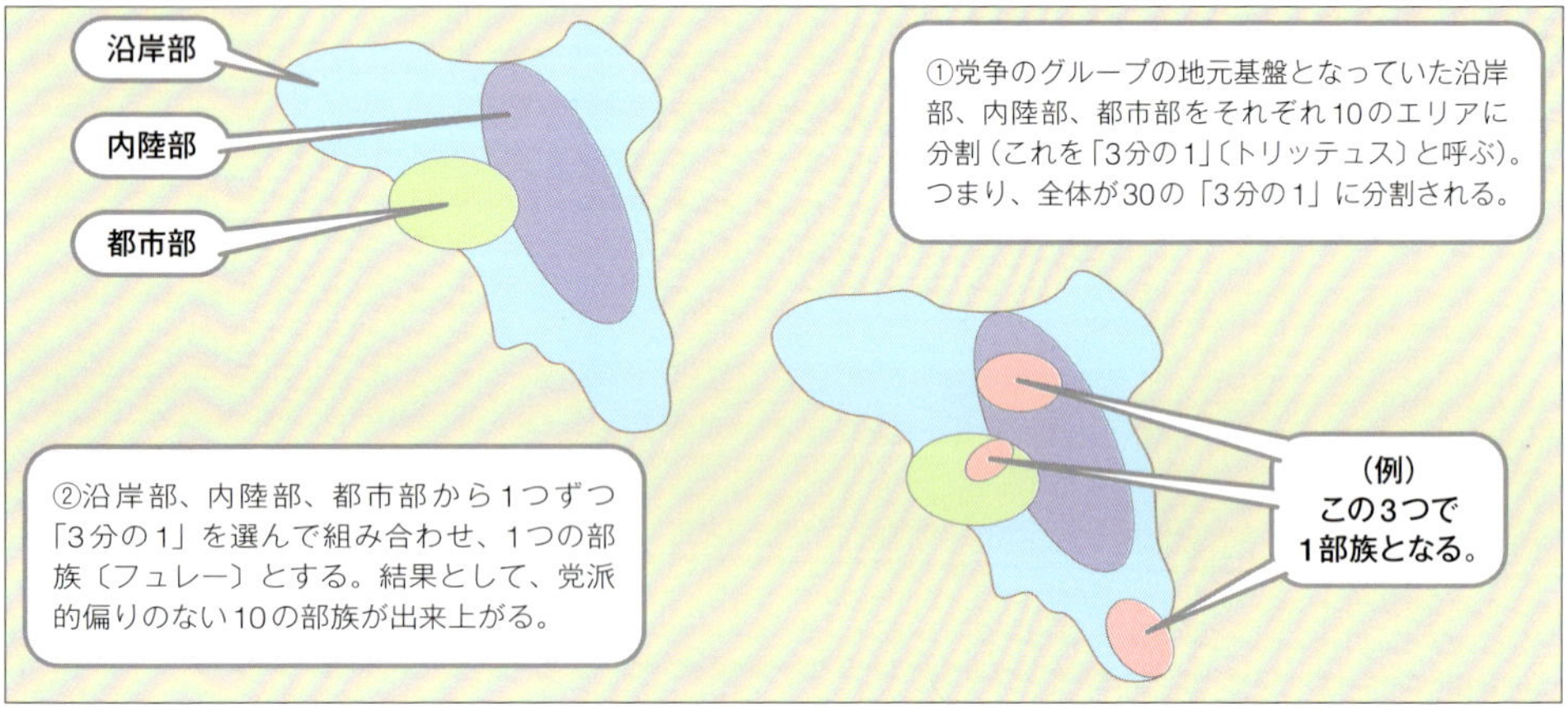

沿岸部
内陸部
都市部
①党争のグループの地元基盤となっていた沿岸部、内陸部、都市部をそれぞれ10のエリアに分割（これを「3分の1」〔トリッテュス〕と呼ぶ）。つまり、全体が30の「3分の1」に分割される。
②沿岸部、内陸部、都市部から1つずつ「3分の1」を選んで組み合わせ、1つの部族〔フュレー〕とする。結果として、党派的偏りのない10の部族が出来上がる。
（例）
この3つで
1部族となる。

▲区とトリッテュスと部族の編成概念図。（作成：齋藤）

有力者は中心市にも家を持ったが、経営規模の小さい農民はそうはいかなかった。アテナイ帝国によって富裕化の進んだ国家は、その富を神殿建築や祭や戦争、政治参加者への報酬として還元し、その舞台となった中心市はとりわけ貧しい者を引き付けることとなった。市民の移住は進んだとみられるが、各人の所属区は区の確立したクレイステネスの改革（前五〇八年）時点のものが維持された。区とポリスとに対する思いは人によってさまざまに捩《ねじ》れることになったであろう。

3 中心市とその周縁

アテナイの中心市は、多くのポリスと同様、城壁で囲まれていた。アクロポリスとアゴラを中心に一・五キロメートル四方ほどを囲み、南西側の城壁は港であるペイライエウスにまで伸び、さらにペイライエウス一帯を囲んでいた。敵に攻め込まれたとき、城壁の中に立て籠もって防衛するのがポリスの戦いであり、アテナイもペロポネソス戦争の際には敵軍侵入を、全アテナイ人がこの中に籠もって耐えた。

中心市の中心にある小高い丘がアクロポリスである。「アクロポリス」は元来「一番高い ἄκρος」ポリスの意で、ポリスの一番高いところを意味した。最初は王宮とポリス民の避難地として政治的軍事的中心地であったが、

▲アッティカの地形図。(R. J. A. Talbert (ed.), *Barrington Atlas of the Greek and Roman World*, Princeton, 2000, p.59 に基づき作図)

Column_①

言葉の訛り・方言

▲方言分布図（J. Clackson, *Language and Society in the Greek and Roman World*, Cambridge, 2015, Map 2.2 に基づき作図）

◀ゴルテュン法典。クレタ島のゴルテュンで見つかった碑文で、相続や密通などさまざまなことが定められている。行ごとに読むべき方向が左右逆になる書式が使われている。これは牛が畑を耕すときの動きに似ているので犂耕牛式（ブストロフェドン）と呼ばれる。この書式は通常前6世紀に使われるが、この法典は内容から前5世紀半ばのものと考えられている。

標準語というのは近代国家になって作られた概念で、そうしたものは古代ギリシアに存在しなかった。各地方、各ポリスでそれぞれの言葉が存在しただけである。ポリスの残した碑文を見れば、彼らの使っていた言葉が分かるが、同じ文字を使いギリシア語であることは確かなものの、それぞれの違いは大きい。アテナイの人間がクレタ島のゴルテュン法典を見て、すぐに理解できたかは怪しい。文字のとおりに発音されたとして、すぐに相手の言っていることが了解できたとは思いがたい。ちょうど、江戸時代に津軽藩と薩摩藩との人間が、どれ程すんなり理解し合えたか分からないようなものである。古代ギリシアの方言は以下のように分類されている(方言名・使われる場所の順で挙げる)。

①ドリス方言…ラコニア・メッセニア・アルゴス・メガラ・コリントス・クレタその他
②北西ギリシア方言…フォキス・アイトリア等ギリシア本土北部
③アイオリス方言…レスボス・テッサリア・ボイオティア
④イオニア方言…イオニア

⑤アッティカ方言…アッティカ
⑥アルカディア・キュプロス方言…アルカディア・キュプロス

この他、線文字Bで書かれるミュケナイ時代の文書は、その他の史料と最低でも五〇〇年の隔たりがあるが、ギリシア語の一形態であることがヴェントリスの解読によって明らかにされている。これをどれかの方言に入れるべきかは議論がある。前二〇〇〇年紀中になくなっており、①~⑤のどれかの古い形態ということは言えない。⑤との類縁性は高くこれに入れるべきか、あるいは固有の集団とすべきかなど、議論はつきない。なお、ミュケナイ文書中でもミュケナイから出るものとピュロスから出るものとでは異なった形が現れ、すでに方言の違いがあったとする考えもある。

言葉の違いは古代ギリシア人にもよく認識されており、法廷である話者は自分の父が訛るのは、長く人質として他国に捕らえられていたせいで、アテナイ市民でないからではないと弁明している。また、戦場での合言葉に、多くのポリスからの混合軍の場合、各地で違う言い方のあるものを選ばないように注意している例もある。

Column_②

家の構造

アテナイの町を家を見ながら歩こうとする者がいたとして、その者はきっと壁ばかりを見て歩くことになったであろう。家は中庭を囲むようにできており、外側に見せることを考えてはいなかったらしいからである。窓も少なく小さかったから、外から見えるのは主に家の壁と塀、そして小路に面したところにあった門であったろう。どこかに飾りをつけたり、花を飾ったりした可能性はないわけではなかろうが、今となっては分からない。家は石の土台の上に泥煉瓦や粗石で築かれた。内側の壁は漆喰壁で、赤や白などの色がざっと塗られていた。床は土間が普通だった。屋根は女たちも簡単に上れたらしい。壁に穴を空けるのは容易であり、実際泥棒はそうやって入った。アテナイの例ではないが、敵がポリスに侵入したとき住人たちは壁に穴を空けて連絡を取り合い、そこを通ってあちこちに出没して敵の裏をかこうとしたことが伝わる。

▲戸と屋根。酔っぱらって男が帰宅あるいは、娼婦のもとにおしかける場面。家の木製の戸口と屋根瓦が見える。(前430~前420年頃。ニューヨーク、メトロポリタン美術館)

家は都市の場合、二階建てが普通だったが、造り付けの階段は珍しく梯子を用いていたと思われる。家の遺構からは一階の部屋の区分しか分からないが、しばしば凝った作りで他の部屋とは区別でき

る部屋が現れる。四辺をセメントで高くし、モザイクの床となっている。おそらく四辺に寝椅子を置き、宴会を楽しんだのであろう。これが「男部屋（アンドロン）」と呼ばれる部屋に違いないが、男だけが使った証拠は考古学的には見つからない。文献史料では、男女の部屋の区別が厳格だが、考古学的には両者の違いを感知できない。おそらく同じ部屋を間仕切りや家具によって男部屋と女部屋とに使い分けたのであろう。あるいは男部屋とは客人用の部屋で、その他の使い方は家族によってさまざまであったのかもしれない。奴隷のための部屋も感知できないから、やはり何らかの間仕切りや家具で区別をしたのだろう。

　よりしっかりした床を持ち、風呂や湯を沸かしたり調理したりできる部屋が現れることもある。しかし、調理は簡単な炉や持ち運びのできる火鉢で可能であった。家の「竈《かまど》」という観念は家の象徴としてよく言及されるが、固定化した竈は一般的でなかったようである。また調理器具の大きさから、家族全員での食事といった風景も、今日の観念を投影させた幻影に過ぎないとされるにいたっている。

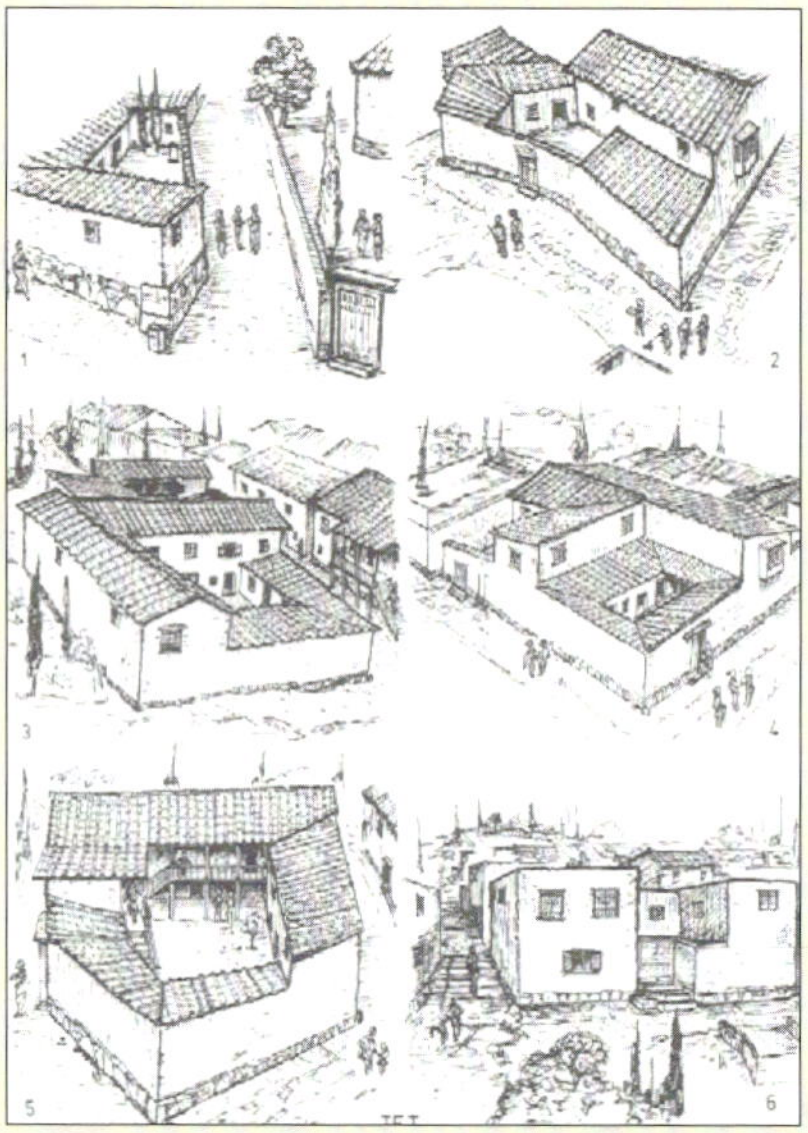

▲都市の家。（J.E.Jonesによる復元。R.E.Wycherly, *The Stones of Athens*, Princeton, 1978, p.242 より）

▼農村の家。（J.E.Jonesによる復元。R.E.Wycherly, *The Stones of Athens*, Princeton, 1978, p.247 より）

Column_③

多彩色の世界

古代ギリシアと聞いて、石造りの列柱が印象的なギリシア神殿をまず思い浮かべる人も多いのではないだろうか。では、神殿の色は？と訊かれて「白」と答える人も多いに違いない。しかし、パルテノンを始めとして当時の神殿は、白のイメージからかけ離れた多彩色に塗られていた。ペルシア戦争の際にペルシア軍のアテナイ侵攻を受けて破壊された古パルテノンのペディメント（破風）部分にあった三位一体で半身半蛇の生き物（通称「青髭」と呼ばれている）には、彩色の痕跡を今でもうっすらと視認することができる。多くの彩色は経年劣化によって剝落したりくすんでしまったりしているが、科学的手法を用いて失われた色の再現も試みられ、CGを用いて当時の多彩色が復元されている。

パルテノン内陣のアテナ・パルテノス像は金と象牙で飾られ、観る者

◀アクロポリスのコレー像（Akr.675）（前510～前500年頃）の彩色再現図。（V. Brinkmann, R. Dreyfus, U. Koch-Brinkmann (eds.), *Gods in Color: Polychromy in the Ancient World*, Munich, London, N.Y., 2017 より）

▶テネシー州ナッシュビルには、オリジナルスケールで復元されたパルテノン神殿が建つ。その内陣には、アラン・ルクワイヤ氏によって復元されたオリジナルスケールのアテナ・パルテノス像が収められている。（Wikimedia Commons, photo: Dean Dixon）

▼「青髭」。（前545年頃。アテネ、新アクロポリス博物館）

にかなりど派手な印象を与えていたに違いない。アクロポリスに奉納された少女（コレー）像からは、色褪せてくすんでしまっているものの、衣服部に細かな文様を施した彩色の痕跡が認められる。また、僅かばかり現存する彩色陶板に描かれた供犠の場面では、朱と水色を基調とした衣装を身に着けた人々が描かれている。

　白亜の神殿のイメージを抱いてきた人にとって、こうした多彩色には戸惑いを覚えるかもしれない。それは、くすんだ興福寺の国宝・阿修羅像に、古式ゆかしさと伝統、歴史を感じる一方、まばゆいばかりの多彩色で復元されたモデルに戸惑いとある種の軽薄さを感じてしまう感覚と通底するものがあるかもしれない。しかし、古代ギリシアの場合、この問題は個人の感覚を超えて歴史的に根深い問題をはらんでいる。大英博物館のパルテノンフリーズは、古代ギリシアの彫刻は白くあるべきとの当時のイギリス人の思い込みからブラシがけされて、色の痕跡が削り取られるという事件さえも引き起こしたことがある。

▼CGで彩色再現されたパルテノン神殿。(©2018. Reconstruction of the Acropolis & Parthenon. Artist: John Goodinson.)

▲ペイライエウス港と中心市。中心市を大きく取り囲んでいるのがケフィソス川、中心市の南側を流れるのがイリソス川、中心市に入り込んで行くのがエリダノス川。（Peter Connollyによる水彩画。J. M. Camp, *The Archaeology of Athens*, New Haven and London, 2001 より）

▲アテナイのギュムナシオンの位置関係。アカデメイア（A）、キュノサルゲス（K）、リュケイオン（L）。（E. Curtius, J. A. Kaupert and A. Milchhöfer (eds.), *Karten von Attika*, Text I-IX, Berlin 1881-1900, pl. 1a より）

▼アテナイ中心市地図。左下に見えるのが聖門とディピュロン門。（Peter Connollyによる水彩画。J. M. Camp, *The Archaeology of Athens*, New Haven and London, 2001 より）

やがて政治的中心はアゴラに移り、ここは守護神アテナ女神を祀る聖地となった。大きな神殿が建てられ始めたのは前六世紀以降で、前四九〇年のマラトンの勝利後壮大な神殿の建設が予定された。しかし、完成以前、前四八〇年の二度目のペルシア軍の侵攻でアテナイは占領され、アクロポリスも多くが破壊された。サラミスの海戦でペルシア軍を退けた後、これまで以上に壮大な神殿群が計画されたのは前五世紀の半ばペリクレスの下においてであった。アテナイ人彫刻家フェイディアスはアテナ・プロマコスの巨像をアクロポリスに建て著名になっていたが、彼が総監督に任じられ、短い間にパルテノン、プロピュライア、ニケ神殿、エレクテイオンが建てられた。全ポリスをあげての賑々しい工事であったにちがいない。

　中心市の城壁には一五の門があった。もっとも著名なのは、北西に位置する聖門とディピュロン門とで、聖門はエレウシスの秘儀に参加する人々の大行列が出発する門であり、ディピュロン門はアテナイの正門で、道幅四〇メートル近くの道がここに通じていた。この二つの門はポンペイオンと呼ばれる建物をはさんで約五、六〇メートルの距離で近接している。ディピュロン門から北西に伸びる広い道はアカデメイアへと通じ、聖門から伸びる道はすぐに二手に分かれ、南側の道は「墓道」と呼ばれて、しばらく墓を両側に見て進み最後はペイライエウスへと通じる。一方、北側の道はまたすぐに二手に分かれ、南はエレウシスへと通ずる「聖道」となり、北はアカデメイアへ通ずる車両用の道となった。「聖道」は、ボエドロミオン月（九月頃）に行われる秘儀祭の際、秘儀に向かう数千人が行列を組んで、「イアッコ、イアッケ」と叫びつつ約二〇キロメートル先のエレウシスまで進む道である。

先の「墓道」の名が示すように、二つの門の外側は墓地であり、ケラメイコスと呼ばれていた。「墓道」の両側にあるのは個人の墓だったが、国葬された戦死者や功績の多い政治家などはアカデメイアに通ずる広い道沿いに埋葬された。このあたり一帯は、ミュケナイ時代から使われる墓地だったのであり、門の外に埋葬が限定されるようになったのは前六世紀初めのソロンの頃であった。墓は人の目を意識し、通りかかる者に故人や故人の家族の記憶を呼び起こすように作られていた。人々は自ずと足を止め、墓へと目をやり、彫刻や浮き彫りを眺め、書かれている墓誌を読むことになる。祖先を敬う慣習から環境は整えられ、花や樹木が彩りを添えていたことだろう。古い墓の生み出す清涼な空間を通過して、ディピュロン門あるいは聖門を抜けると、人々はアクロポリスを右上方に見ながらそのまま道なりに進むことになる。やがて右側に広がってくるのがアゴラである。アゴラこそがアテナイの公共生活の中心であった。右に大きく曲がって直進すれば、つまり西側に入り込めば、評議会場が現れ、さらに進めば当番評議員の詰める円形堂、さらに奥に進んで行けば将軍たちの執務する将軍庁が現れる。ここは政治の中心であり、その日の裁判員を決める抽籤もこのあたりで行われたと思われる。一方、右に折れる前の道をそのままアゴラへ踏み込めば、それは「パンアテナイア祭の道」である。ここはパンアテナイア祭に限らず、多くの祭や競技に、さらには騎兵隊の練習にも使われた。

ディピュロン門を出て広い道を一・五キロメートルほど進んで行き着くアカデメイアは、

▲ディピュロン門（左）と聖門（右）。城壁の外から見た前5世紀の様子の想像復元図。「聖門」の脇を流れるのはエリダノス川で、この川に沿って走るのがエレウシスへ向かう「聖道」。（Peter Connollyによる水彩画。J. M. Camp, *The Archaeology of Athens*, New Haven and London, 2001 より）

▲ケラメイコスの聖道沿いに臨む市内とアクロポリス。（U. Knigge, *The Athenian Kerameikos: History-Monuments-Excavations* (trans. by J. Binder), Athens, (originally German in 1988) 1991 より）

▲前400年頃のアゴラ。Petros DemetriadesとKostas Papouliasによる復元モデル。（アテネ、古代アゴラ博物館。M. Lang (ed.), *The Athenian Citizen: Democracy in the Athenian Agora* (Agora Picture Book vol.4), Athens, revised ed. 2004 より）

▲アゴラ西部復元模型。丘に建つヘファイストス神殿。トロス〔円形堂〕（青）、評議会議場（緑）、公文書館〔メトローオン〕（オレンジ）、アポロン神殿（黄）、ゼウスのストア（赤）。（M. Lang (ed.), *The Athenian Citizen: Democracy in the Athenian Agora* (Agora Picture Book vol.4), Athens, revised ed. 2004 より）

木々が生い茂り、多くの社や祭壇、体育練習場（ギュムナシオン）のある一種の公園であった。パンアテナイア祭の松明《たいまつ》競走はここの祭壇を出発点とし、松明を消さずにいかに早くアクロポリスのアテナ女神の祭壇に届けられるかの競走だった。ディピュロン門を走り抜け、「パンアテナイア祭の道」を通ってアクロポリスまで駆け上がる。またこの祭のハイライトである華やかな行列は、ポンペイオンを発して同じくこの道でアテナ女神の祭壇に至った。祭壇で多くの牛を犠牲に捧げ、松明競走で一等だった者がもたらした火で焼いた。その肉はケラメイコスに運んで市民全員に分配する慣わしだった。

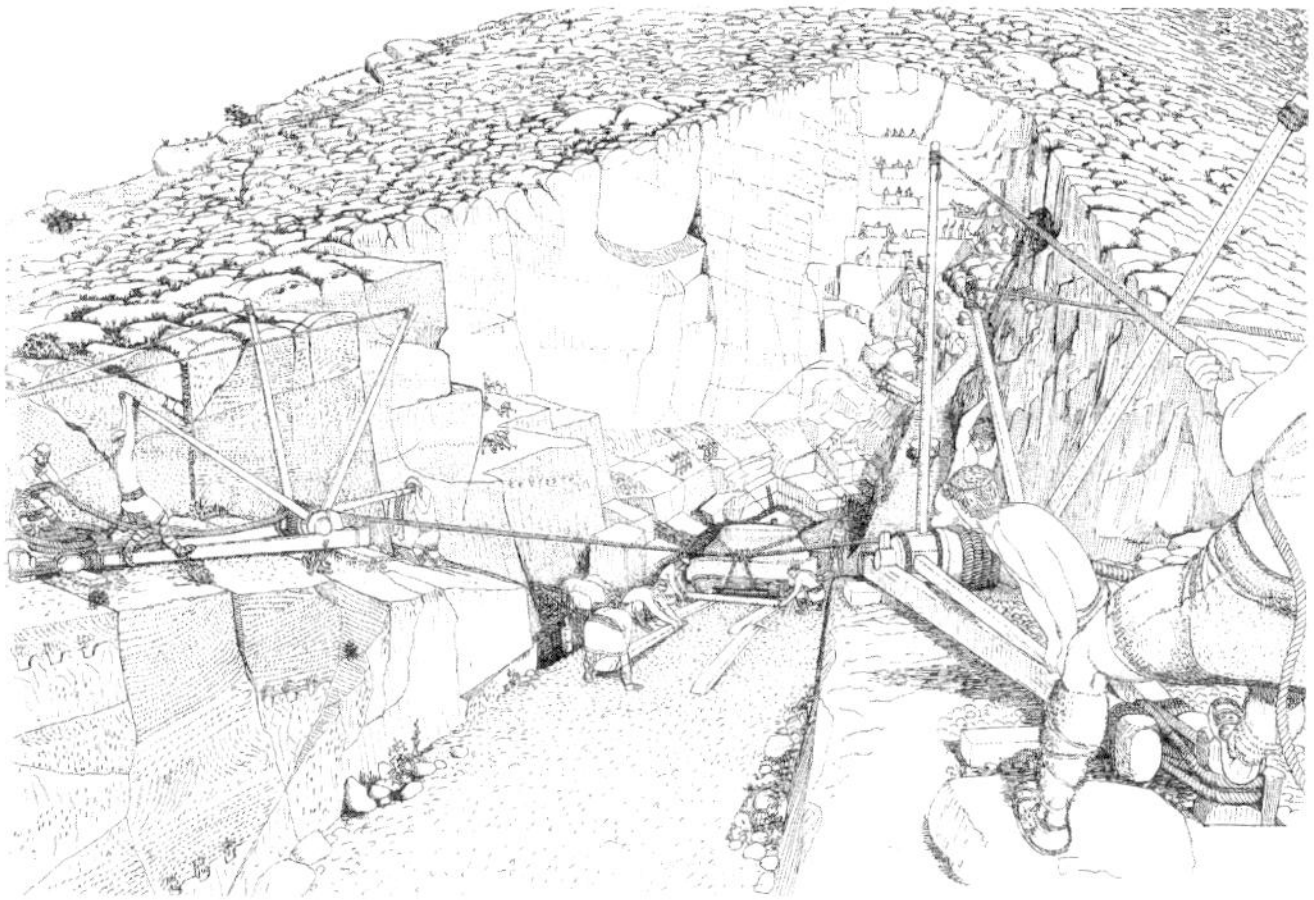

▲▼3点とも：パルテノン神殿の前身「古パルテノン」建設の想像図。石を切り出し、運び出し、運び上げる。（M. Korres, *The Stones of the Parthenon*, Athens, 2000 より）

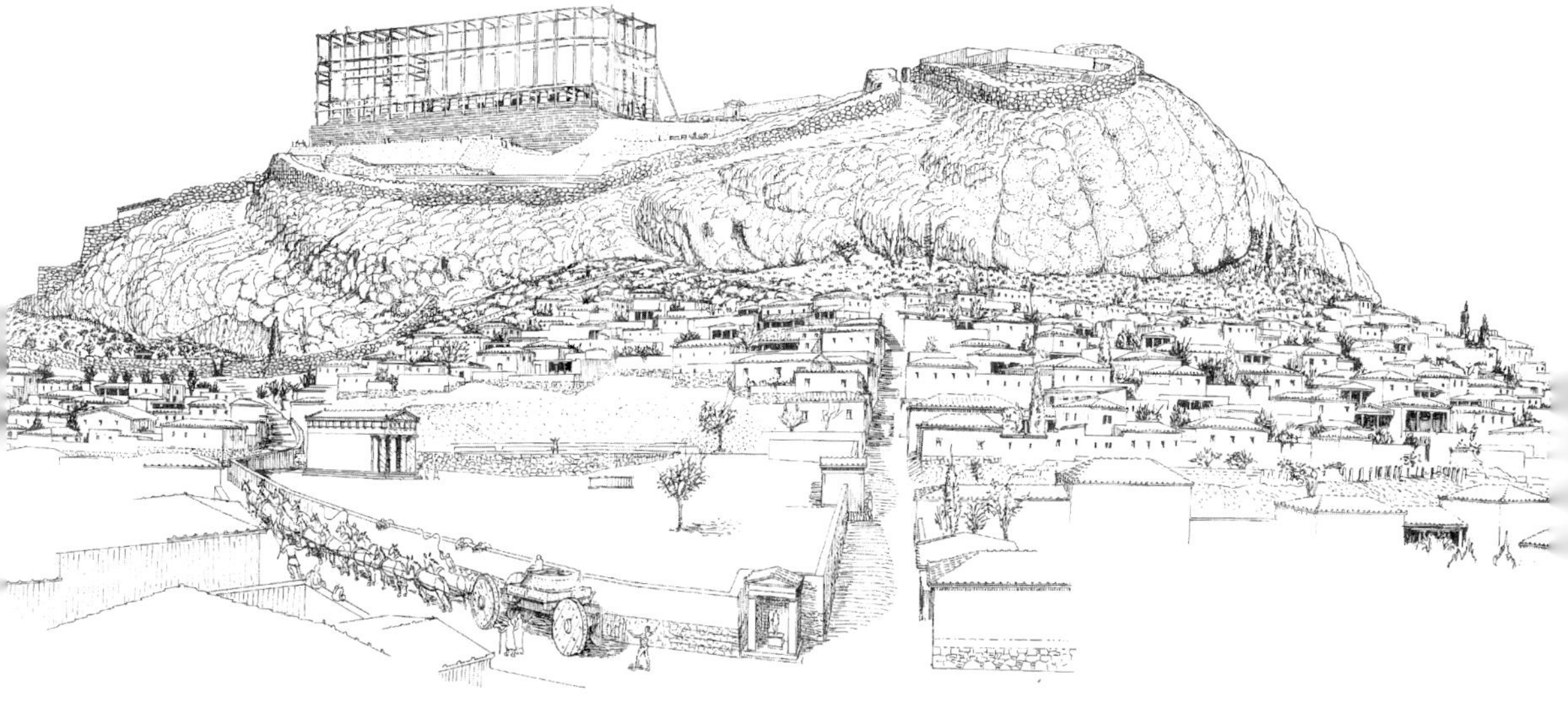

▲アクロポリスの想像復元図。手前のアプローチのあり方は最新の研究成果が盛り込まれているという。(©2018. Reconstruction of the Acropolis & Parthenon. Artist: John Goodinson)

◀アクロポリスの前門を入ったところにそびえるアテナ・プロマコス（先頭に立って戦うアテナ女神）像（フェイディアス作）が見える想像図。前456年頃建てられ、紀元後465年頃コンスタンティノープルに持ち去られるまで立っていたとされる。（レオ・フォン・クレンツェによる想像図。1846年）

Column_④

水道

古代の水道といえば、なにより古代ローマの水道橋に代表される水道設備が思い起こされよう。精緻な設計と高度な建築技術によって遥か離れた水源から、一一本の水道によって東京都内にも劣らぬ大量の浄水が都市ローマに供給されていた。古代ギリシアでは、前六世紀初め、七賢人の一人ソロンが諸改革の中で、井戸の設置についても基準を設けている。また、雨水を甕《かめ》に溜めて使用もしていた。では水道は？　五賢帝時代にアテナイを訪れたパウサニアスという人が、こんなことを述べている。

（オデイオンの）近くに泉場《クレーネー》があって「エンネアクルノス（九口の泉）」という。ペイシストラトスによってそのような意匠に仕上げられたのだ。貯水井戸《フレアル》は市内中どこにもあるが、湧水の泉《ペーゲー》はこれひとつきりない。

（パウサニアス『ギリシア案内記』第一巻一四章一節）

ペイシストラトスは前六世紀後半のアテナイの僭主だ。僭主というと「暴君」のイメージが強いかもしれないが、民衆の支持を背景

▲エンネアクルノスへのテラコッタ製の地下導水管。導水管には、予め修繕用に上部に蓋つきの穴が設けられている。(前6世紀後半頃)

に非合法政権を維持する手前、時として民衆の生活待遇にも気を配る施策も行った。彼によって、アゴラの一角には中心市東を流れるイリソス川から導水された泉場が設けられた。この泉場については、その様子を描いた陶器画から窺うことができる。エンネアクルノスは、柱廊形式の建物になっていて、壁面の頭の高さほどの位置に出水口があった。出水口はライオンの頭の意匠で口から水が流れ出すようになっていた。水汲みのために水瓶を抱えたり、頭に載せたりした女性たちが、ここにやってきて、瓶に水を満たす間、おしゃべりに花を咲かせていた。頭から水浴びをしている小さな子供の姿も見える。富裕な家では奴隷身分の召使が、こうした水汲みに来ていただろうが、下層市民の家では正妻が自ら水汲みにも来ていたのだろう。水汲み場では身分を越えた女たちの会話が交わされ、女たちの情報交換、ネットワークの場としても機能していたのではないかと思われる。

また、前五世紀前半には、キモンという名士によってアカデメイアまで地下に埋設された陶製の水道管によって水道が設置されたが、この頃には既にアゴラには大暗渠と呼ばれる下水溝も敷設されていた。

▲エンネアクルノスを描いた陶器画。(前520年頃。スペイン国立考古学博物館)

▲アテネのアゴラの排水溝「大暗渠」。(撮影：齋藤)

◀水道管。地下鉄シンタグマ駅造成中に発掘された。連結部に鉛を使って水もれを防いでいる。(前5世紀前半)

第2章 アテナイ市民の一生

1 誕生

現代ほど医療の整っていない古代社会にあって、出産自体、大きな危険を伴ったものであった。また、無事出産できたとして乳幼児の死亡率はかなり高いものだったに違いない。出産の様子を伝えるテラコッタ像が数点見つかっているが、それによると産婦は床に座ったような姿勢になり、一人ないし二人の産婆の手を借りて出産したらしい。こうした産婆は、奴隷だったかもしれないし、近隣の出産経験のある自由人女性が手伝いに来たのかもしれない。ソクラテスの母は産婆だったと伝えられる。

▲出産場面のテラコッタ。ギリシアの女性の平均寿命は36歳だったとされる。産褥死が女性の平均寿命を短くしていたことの一因と考えられ、出産は女性にとって大きな危険を伴う一大事であった。キプロス島のもの。（前5世紀初頭。アテネ、国立考古学博物館。撮影：齋藤）

　無事、生まれてきた子供にとっては、いきなり人生最初の難関が待ち構えていた。父親の認知である。古代ギリシアの社会は、基本的人権や国家法規といったものを前提とする現代社会とは根本的に異質な社会であった。

　家（イエ）（ギリシア語でオイコスという）の問題は、その家の主である家長の権限に委ねられる部分が大きかったから、生まれてきた子供をまず、自らの子、すなわち家族の新たな一員として認めるかどうかは、家長である父親の一存にかかっていた。もし、父親が自分の子供と認知すれば、その子は新たなイエの成員として迎え入れられることになる。だが、もし例えば、妻と他の男との姦通を疑ったりして、父親が自分の子として認知をしない場合や、経済的に養う余裕がない場合、その子（特に女子）には悲惨な末路が待ち構えていた。こうした、いわば家庭の闇の部分について、具体的に詳細を伝える史料はないけれど―だから「闇」なのだが―、そうした場合、その子をどう処理するのかも家長の権限で、たとえ遺棄したとしても、何ら法的責任に問われるものではなかった。事実、前四世紀末の史料には、市域監督官の仕事として路上の遺体処理が含まれている（アリストテレス『アテナイ人の国制』五〇・二）。そうした路上に遺棄された遺体の中には、行き倒れのほかに、認知されずに捨てられた赤子も含まれていたのではないかと思われる。あるいは、拾われたり、売却されたりして奴隷とされたケースもあったことだろうが、その実態はやはりよく分から

◀出産の場面。膝をついた妊婦から生まれてくる新生児をもうひとりの女性が取り上げている。（前6世紀。キプロス博物館）

▲出産場面のテラコッタ。伝承では、木の幹に抱きつく格好で膝立ちで出産するものや、膝立ちの格好での出産も伝わる。（前5世紀初頭キプロス島のもの。アテネ、国立考古学博物館。撮影：齋藤）

▼フュロノエの墓碑レリーフ。右手に座りわが子を見つめているのが、亡くなったフュロノエ。遺された嬰児が侍女（あるいは母の姉妹）に抱えられながら母の方へ身体一杯に手を伸ばしているが、その指先は永遠に母に触れることはない。おそらく我が子の出産と引き換えに亡くなったものと思われる。（前380～前370年頃。アテネ、国立考古学博物館。撮影：齋藤）

▲アンファレテの墓碑。（前405～前400年頃。アテネ、ケラミコス考古学博物館）

▼はいはいをする幼子。（前420年頃。プリンストン大学美術館）

ない（ローマの事例では、路上に遺棄された赤子が奴隷の供給源の一つであったが）。

他方で、喜劇の一節に歴史的事実の反映を認めることができるならば、子宝に恵まれない家庭において、家内で生まれた奴隷の子が主人と正妻の子とされて育てられることも―稀な事例だろうけれど―場合によっては、あったかもしれない。

少人数で大量の先住ギリシア人をヘイロータイ（ヘロット）として隷属身分において支配していたスパルタの場合、男子に求められたのは、ヘイロータイを管理・支配するための戦士としての能力であり、女性には、そうした将来の国の担い手たる立派な戦士を産むことであった。そのため、生まれてきた赤子は、各家庭でなく、各部族の長老たちによって、男子なら将来立派な戦士に育つかどうか、女子なら将来、立派な赤子を産める身体に育つかどうかが検分された。そして、不適合とされた奇形や虚弱体質の赤子は、タユゲトス山の麓のアポテタイと呼ばれる奥深い穴のような場所に「送られた」という。

古代ギリシア人の新生児に対するこうした態度は極めて非人道的で残酷に思われるかもしれない。しかし、赤子の間引きといったことは、日本でも古代ギリシアの時代と比べれば、「つい最近」の明治頃まで行われていたという事実も覚えておきたい。また、娼婦や貧しい家庭においては、時として中絶といった手段も行われていた。

無事に認知を受けてから一〇日目に、新生児は名前を与えられた。この日を文字通り「一〇日目」（デカテー）と呼ぶ。そして、この日（あるいは、五日目とも）にこの世界で初めての宗教儀礼を受ける。アンフィドロミアと言われるもので、家の守り神である竈《かまど》（ヘスティア）への紹介儀礼である。竈は、日本の民家のように土間の壁面と一体化したようなものではなく、床面に炉のしつらえられたもっと簡素なものだったらしい。だが、それでも竈は家の守り神であり、「竈」を意味する「ヘスティア」はそのまま女神として祀られていた。また、神々の姿を人間の姿で表現する神人同形思想に拘ったギリシア人にしては珍しく、女神ヘスティアが擬人化されることは少なく、各家庭では竈そのままの姿で祀られていた。この儀式を通じて、新生児は、この世に生を受け、名を与えられ、家の守り神に紹介されて家族の新たな一員として受け入れられたことになる。

古代ギリシアにおいて女性の初婚年齢は十代半ば（男性は三〇歳頃）とされる。もし、結婚してほどなく出産したとなれば、現在の高校生くらいで母となることになる。育児には、夫の母、すなわち義理の母が手ほどきをしたりすることもあったかもしれない。もし、十代半ばで産んだ息子の初孫となれば四十代半ば、娘の場合、同じように十代半ばで嫁いで程なく出産となれば、三十代で（！）お婆ちゃんとなったことになる。前五世紀末のアンファレテの墓碑はそんな祖母と孫の様子を窺わせる。

私の娘の子、その子を私は愛し、共に陽の光を見ていた生前よくこうしてこの子を膝に抱いたものだ。いま死者となった私は死んだその子を抱いている。

（澤柳大五郎訳。一部現代表記に改めた）

陶器画からは、枝編みか木製と思われる揺り籠が確認でき、また首が座ってはいはいを始めた頃の子供を座らせておくためのベビーチェアが描かれている。実際、陶製のこの椅子が壊れてはいたもののほぼ完全な形で出土している。乳幼児のものと思われる墓には、授乳器が副葬されているものもあり、わずかな生の期間に使用されていたものだったかもしれない。

おそらく赤子の面倒を一番任されたのは、乳母だった。現在、残されているテラコッタの小像には、幼子を引き連れた乳母を表したものがあるが、いずれも高齢だ。こうした乳母の中には、無事、育てた子供が成人を迎えた際に、主人によって奴隷身分から解放された者もいた。ある裁判の一節では、そのようにして解放された乳母のその後について以下のように伝えている。

裁判員の皆さん、私の妻は子供たちと共に中庭でちょうど昼食をとっていたところで、彼女と共に老齢になった私の乳母であった人がおりました。彼女は分別があり信頼できる人で、私の父によって解放されて

◀2人の子供を連れた乳母。左手に抱えられた幼子と右手で曳かれている子との対照的な表情がユーモラス。（前215～前200年頃。プライベートコレクション）

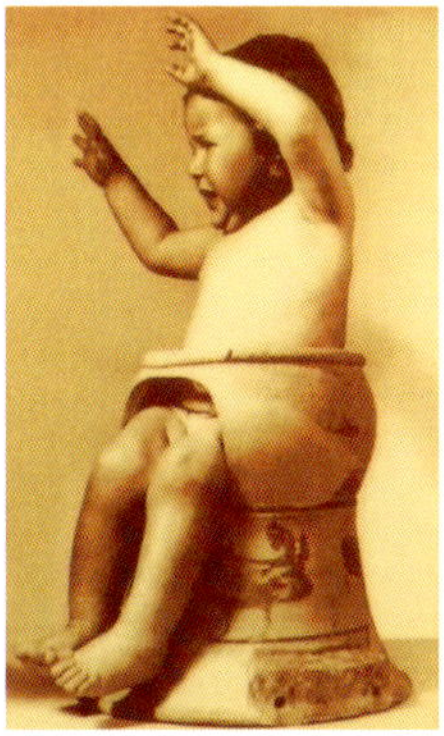

▶おまるを兼ねたベビーチェアに実際に赤子を座らせてみたところ。あまり楽しそうではない。（アテネ、古代アゴラ博物館。パネル撮影：齋藤）

▼ベビーチェア。（アテネ、古代アゴラ博物館。撮影：齋藤）

Column_⑤

玩具と遊び

古代ギリシアで、子供たちはどんな玩具で遊んでいたのだろう。赤子や小さな子供には、陶製の小鳥などの小動物の玩具が与えられていた。犬やガチョウ、山羊といった動物たちは実際にペットとして飼われ、子供たちの遊び相手になっていたようだ。また、陶製の人形もあり、手足の関節が紐でつながれて動くようになっていた。想像をたくましくすれば、着せ替えなどもしていたかもしれない。また、着せ替えの衣類同様、材質の性質上、現存するものは見つかっていないが、布製の人形やぬいぐるみも、存在したのではないかと思われる。

ワイン開きでもある酒神ディオニュソスを祀る新春のアンテステリア祭のときに男の子に与えられたミニチュアの酒器（クース）には、手押し車などで遊ぶ場面が描かれている。この祭では、アイオラと呼ばれる儀式もあって、女の子はブランコに乗せられた。ただ、このブランコの儀礼の起源譚は、酒神からワイン造りを教わって人々に振る舞い、酩酊し毒を飲まされたと誤解した人々に殺されてしまった父を悼み縊死した娘の模倣というから、オドロオドロしい。

その他、骨サイコロとでも言うべき山羊や羊の趾骨《しこつ》（足の指の骨）や距骨《きょこつ》（足首の骨）が遊びの小道具としてポピュラーだった。また、子供や女性たちは独楽遊びもしていた。その他、女性たちは、家事の合間にお手玉などをして遊んでいたようだ。エフェドリスモスという遊びでは、離れた標的の石に小石や球をどちらが先に投げ当てることができるかを競い、負けた方は、勝った方をおんぶして目隠しされたまま標的まで歩いていかなければならなかった（目隠しはしない場合もあったようだ）。

遊びは子供たちや女性のものに限らない。前六世紀のエクセキアスによる有名な陶器画は、ボードゲームをしているトロイア戦争の

▲ペットと戯れる子供。後ろには手押し車。（古代コリント考古学博物館。撮影：齋藤）

◀アンテステリア祭でアイオラの儀式でブランコに乗る少女。下には祭壇に座る少年。ともに頭に儀礼用の冠をつけている。（前375～前350年頃。南伊アプリアのもの。ニューヨーク、メトロポリタン美術館）

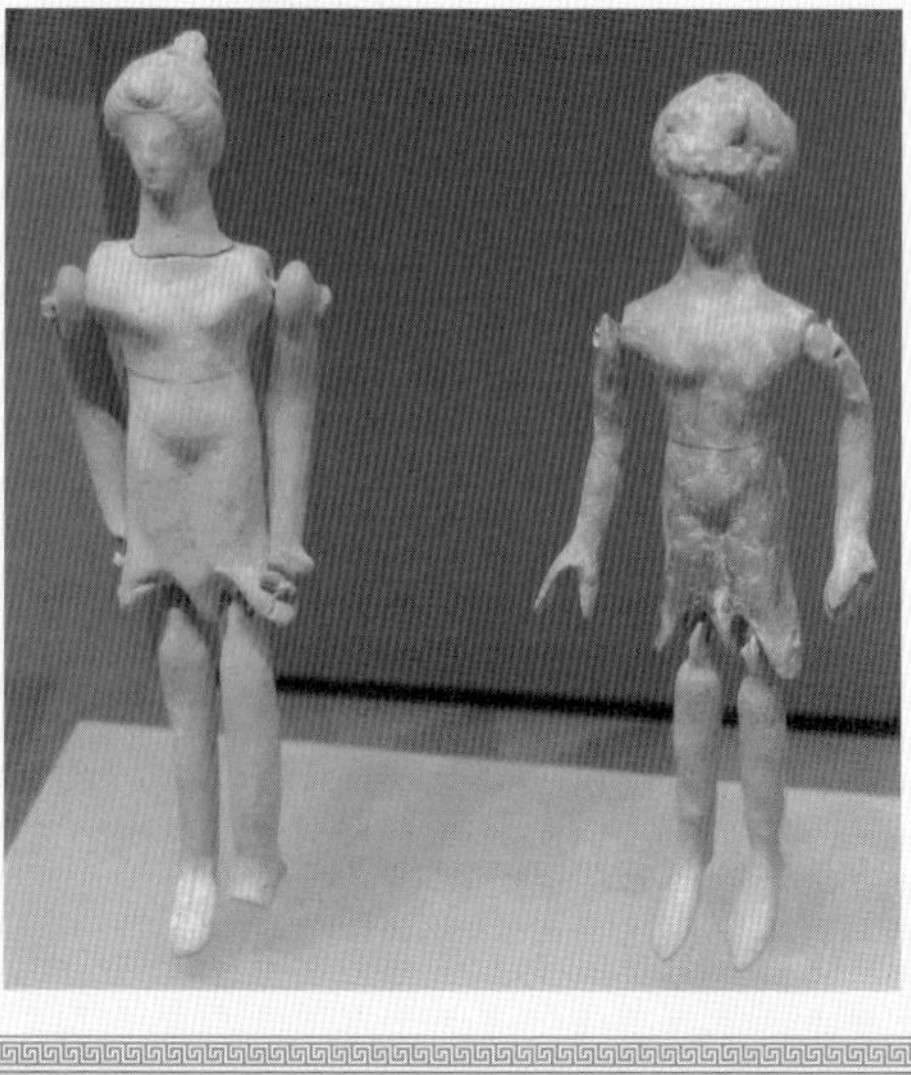

▶テラコッタ製の人形。（古代コリント考古学博物館。撮影：齋藤）

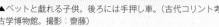

英雄二人の姿を描いており、この娯楽が古くから行われていたことが窺える。また、男性たちが集って行われる酒宴シュンポシオン（シンポジウムの語源）は、政治や諸々の話題で盛り上がったり、興じて笛吹き女などを呼んで淫行・乱痴気騒ぎに発展したりするものであったが、そこでは、盃（キュリクス）に残った酒を遠心力を使いつつ飛ばして的に当てるコッタボスという遊びも行われていた。

▲独楽遊びをする女たち。（前450～前430年頃。ニューヨーク、メトロポリタン美術館）
◀骨サイコロ（ナックルボーン）。（古代コリント考古学博物館。撮影：齋藤）
▼さいころ遊びをする少年たち。頭にリースの付いたヘッドバンドをしている。祭礼中の暇つぶしだろうか。（前420年頃。J.ポール・ゲティ美術館）

▲エフェドリスモスをする少女たち。こちらでは目隠しをしていない。また、背負い方が半身となっている。（前4世紀末〜前3世紀初頭。コリントスのもの。ニューヨーク、メトロポリタン美術館）

▲エフェドリスモスをして遊ぶ少年たち。（前430〜前425年頃。ベルリン国立博物館）
▼ボードゲームをするアキレウスとアイアス。エクセキアスという画家の傑作。（前530〜前520年頃。ローマ、ヴァチカン美術館）

自由人となっておりました。解放されて自由人となった後、夫と共に暮らしておりました。この夫が亡くなって、彼女自身も老い、彼女の世話をしてくれる人もいなかったので、彼女は私の許にまた戻ってきておりました。

（デモステネス第四七番・五五）

子供の名前の付け方については、男性については、祖父と同じ名、場合によっては、父と同じ名を継ぐこともあった。例えば、弁論家・政治家として有名なデモステネスは父親と、前五世紀アテナイの黄金時代を率いた将軍・政治家ペリクレスは息子の一人と、同じ名前である。また、子宝に恵まれた契機を特定の神様の恩恵に帰していると思われるような名前もある。例えば、アスクレピオドロスは、治癒神「アスクレピオス」の「贈り物（ドロン）」という意の名前である。この神に子宝祈願をして授かった子供だったのかもしれない。女性について、市民女性の名が公の場で明らかになることは基本的に避けられた。故に名前そのものが判明している例が少ないので、名前の付け方について良く分からないところはあるが、ある相続を巡る裁判弁論では、祖母にちなんで娘にクレイタレテという名を付けたという話が出てくる（イサイオス弁論三・三〇）から、名を継ぐことは女性でも同じだったらしい。

2 少年時代・少女時代

生後どのくらいかは分からないが、おそらく男の子は物心ついたときには父に連れられ祭祀団体フラトリア（兄弟団）の祭、アパトゥリア祭に顔を出していたに違いない。フラトリアとは擬制的血縁集団といったもので、イオニア系ギリシア人の間で広く認められている祭祀団体である。アテナイ市民であれば、必ずこの祭祀団体に加入していた。都市化の進んだ地域では疎遠となりつつあるが、日本で言う講といった感じに近いかと思われる。三歳のときに、メイオンという儀式でフラトリアに仮入会し、物心ついた頃から父親に連れられフラトリアの祭に行って、そこで同年代の子と友だちになったり、大人たちの面識も得ていったりしたものと思われる。

普段の生活では、七歳頃になるとパイダゴゴスと呼ばれる奴隷に付き添われて教師のもとに通い読み書きを習ったり、ギュムナシオンやパライストラといった体育場で身体教練をして汗を流したりして過ごした。体育場で

▲教育の図（教師と生徒）。（前490～前480年頃。ベルリン国立博物館）

▼ギュムナシオンの若者たち。中央の若者が左の仲間にアリュバッロスからオリーブ油を与えている。人物の間には柱の上に丸めて置かれた彼らの衣服〔ヒマティオン〕。（前4世紀初。アテネ、国立考古学博物館）

は全裸だったから、見目麗しい美少年は、男性同性愛が社会・文化的慣行として一般化していたギリシアにあっては、大人たちの衆目を集めることもあったようだ。

一六歳になると少年たちは、クレイオンという断髪式でフラトリアに正式入会を果たした。クレイオンの際には、後見人―存命していれば父親―が自らの所属するフラトリアに少年を紹介し犠牲式を行う傍ら、フラトリアのメンバーによって投票が行われ、入会の可否が決定された。

その二年後に男子は、今度は自分の父親の所属するデーモス（区）において市民登録審査を受けることになっていた。そこでは父親と母親が市民身分であること、年齢が一八歳に達していることなどが審査された。両親が市民身分であっても正妻以外の女性からの婚外子（庶子）の市民権については論争があり、認められていなかった可能性が高いように思われる。仮に認められていたとしても、相続などの面で嫡子と比べかなり劣格の立場に置かれたことだろう。ちなみに区の審査で否認された場合、不服とする者は陪審廷に控訴することができたが、そこでも資格なしと見なされた場合、奴隷として売却されることになっていた。無事、市民権を取得したら見習い兵（エフェボイ）として二年間の軍事教練に従事することになる（制度的に整うのは前四世紀末だが、同世紀前半には何かしらそれに相当することは実践されていたようである）。

しかし、こうして無事市民権を取得した後も、時として市民身分を疑われる事態に巻き込まれることもあり、その際に自らの市民身分、出自の正しさを証明する有力な証拠となるのが、フラトリア入会という実績とフラトリア仲間の証言であった。それ故に、何らかの事情でフラトリアへの入会が遅れたような人物は、裁判や喜劇において、その市民身分について疑わしい者として揶揄されることもあった。区への登録は市民権取得に必要不可欠な手続きだったけれども、それを保証するのはむしろフラトリアという伝統的な祭祀団体を通じての人的紐帯であったことは、古代ギリシアの社会を理解する上で非常に重要な点である。

その他、二〜三月に行われた酒神ディオニュソスを祀りワイン開きを行うアンテステリア祭では、三歳になった少年たちが初参加し、子供用の小さな酒器（クース）を与えられ人生初のワインの味を体験した。また、翌月にはやはりディオニュソスの祭典、大ディオニュシア祭で部族対抗の合唱コンクールが行われた。このコンクールは成人部門と少年部門とがあり、美声の持ち主であれば合唱隊員に選抜される可能性があった。数カ月間の訓練を経た後にアクロポリス南麓のディオニュソス劇場で、他のポリスからの訪問者も含めた大勢の人々を前に、麗美な衣装を身に着けて歌声を披露した。

他方で、女子についてはどうだろうか。女性については、年齢にかかわらず全般的に史料が乏しく分からないことが多い。特に市民身分で、ある程度の富裕層であれば、文字通り箱入り娘として家の中で育てられ、公の場所で人目につくことは避けられた。男子同様、女子も生後フラトリアに紹介されることもあ

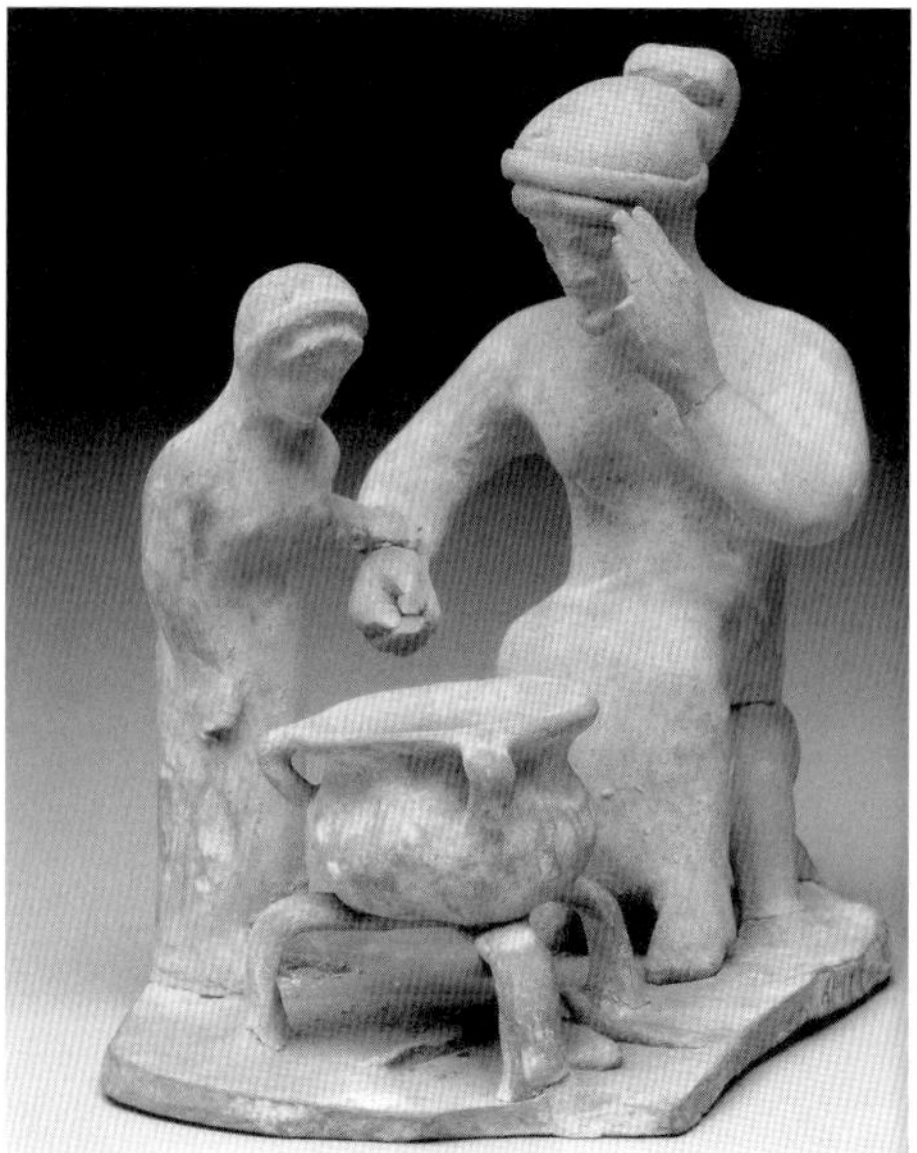

▲竈にくべた鍋を前に娘に料理を教える母親。（前500〜前475年頃。ボストン美術館）

ったかもしれないが、男子と違い正式な入会手続きは伴わなかったものと考えられている。その他、家の内外で少女たちは、どう過ごしていたのか。幾つかの陶器画や小像からは、少女たちが宗教儀礼のためのダンスを母親から習ったり、友達と遊んだりしている姿を確認することができる。読み書きの教育にかんしては家庭内に留まったように思われるが、学校通いを示唆する陶器画もあるし文字を読む姿も認められる。次に挙げるクセノフォンの一節も、程度の差こそあれ実像に沿ったものと考えてよいだろう。

　また一体何の知識を持って彼女は私の許に嫁いで来たでしょうか。私のところへ来たときにはまだ一五歳にもなっておらず、それまでの年月、なるべく見ないよう、聞かないよう、話さないようにとたくさんの配慮を受けて生きてきたのですから。ですから、もし彼女が渡された羊毛を紡いで外套（ヒマティオン）にする術を心得ていて、そして如何に羊毛紡ぎの仕事を召使いたちに与えるかを知って嫁いで来たなら、あなたには、それで十分だとは思われませんか。

（クセノフォン『オイコノミコス』七・五〜六）

　通常、男子が三〇歳頃に結婚するのに対し、女性の方は、もっと早く十代半ばで嫁ぐのが一般的とされていた（四一頁参照）。そういった意味では実の両親と過ごす時間が女子の場合、かなり短かったと言えるだろう。その短い期間、これも出自によって状況が大きく異なるが、女子はいくつかの宗教祭祀を経験する機会があった。ある喜劇の一節（と言っても演じていたのは男性だが）では、こう言われている。

　わたくし、七歳になるとすぐに聖秘物運《アレフォロ》び《イ》に選ばれました。
　次いで一〇歳のときには守護女神の粉碾《ひ》き女《め》の役を勤めました。
　そしてブラウロニア祭ではサフラン色の衣を投ずる熊《アルクトイ》の役を。
　また干しイチジクの首飾りをして聖櫃《せいき》運びの
　可愛らしい乙女役を演じたこともありました。

（アリストファネス『リュシストラテ』六四一〜六四七行）

「聖秘物運び」や、「粉碾き女」、「聖櫃運び」というのは、それぞれ祭祀上の役割の名前だ。ブラウロンと呼ばれるアテナイ市外にあるアルテミスの聖所で少女たちは、アルクトスと呼ばれ、ダンスなどの諸儀礼を行ったらしい。一種の通過儀礼だったと考えられている。アレフォロイについては、後代の史料からもう少し詳しい様子が窺える。

　ここに私を非常に驚嘆させた行事があって、しかも誰もが知っているというような神事ではないので、何が執り行われるのか、書いておくことにしよう。二人の少女がポリアスの神殿のすぐ近くで寝起きしていて、アテナイの人びとは彼女らのことを「聖秘《アレ》

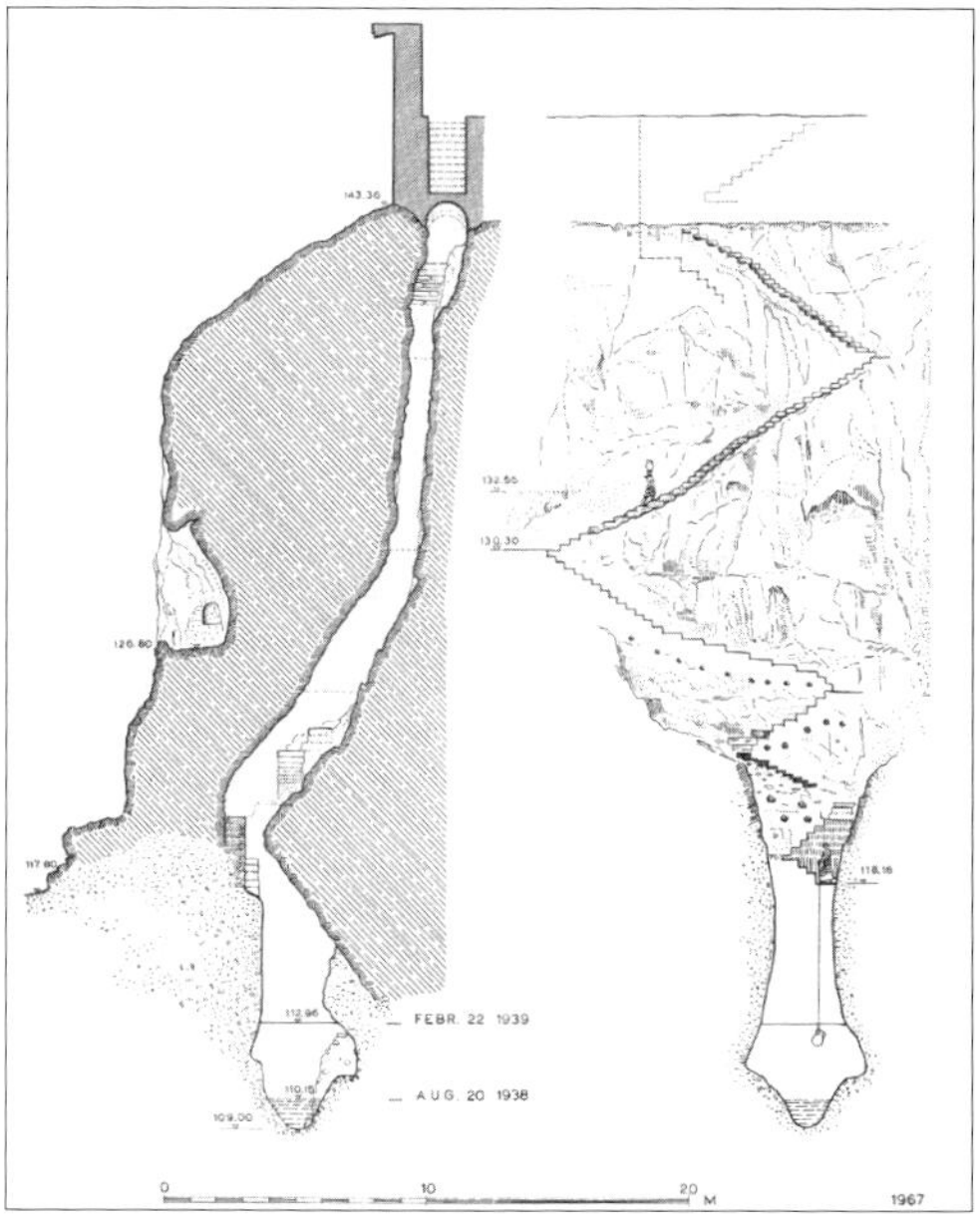

▲アクロポリス北壁上部から地下通路でつながるミュケナイ時代の井戸。アレフォロイの少女たちもこの地下道を使用したと考えられている。（J. Travlos, *Bildlexikon zur Topographie des antiken Athen*, Tübingen, 1971 より）

物運び《フォロイ》」と呼んでいる。彼女らはある期間を女神のもとで過ごし、祭礼当日がやってくると、夜中につぎのような役を演ずる。アテナの女神官の授けるものを頭に載せて運ぶのだが、授ける側の女神官も自分の授けるものが何かを知らず、運び役の少女たちにもわかっていない。ところで、(アレフォロイの家の)囲壁《ペリボロス》は、市内所在のほうのいわゆる「庭園《ケーポイ》に在《い》ますアフロディテ」(の聖所)からそう隔たってはおらず、しかも、囲壁をくぐって天然の地下道が下に通じているのだが、実はこの道を少女らは降りていくのだ。彼女らは運んできたものをそのまま置き去りにして、代わりに何か包み隠されたものを受け取って持ち帰る。そこまでで彼女らはお役ごめんとなり、人びとはこれと交代に別の少女たちをアクロポリスに導いていく。

(パウサニアス『ギリシア案内記』一・二七・三)

真っ暗闇の中、初めての足元覚束ない地下道をたった二人の少女

▲右：犬と戯れる少女の墓碑。右手には小鳥、左手には人形の玩具を持っている。(前340年頃。ハーバード大学美術館)
▲左：踊りのレッスンをする娘。耳にはイヤリングをしている。(前440～前430年頃。ベルリン国立博物館)
▶学校へ向かうと思しき娘たち。手を引かれている後ろの娘は気が進まない様子で、手には書板とペンをぶら下げている。(前460年頃。ニューヨーク、メトロポリタン美術館)

で辿っていく。興奮と恐怖。彼女たちにとって、強い宗教体験だったことだろう。ただ、これらの儀礼にアテナイのすべての少女が参加できた訳ではなさそうだ。カネフォロスも、パンアテナイア祭の祭列で聖秘物を納めた籠を担う役だが、これも実質的には一部の富裕層の女性に限られた役割だっただろう。他方で、庶民クラスの少女が宗教活動と全く無縁であったかといえば必ずしもそうではなく、アンテステリア祭には少女も参加する機会があったことが窺えるし、家族で地元の神格へ詣でたりする機会はあったのではないかと思

われる。

3 成人

アテナイ人の男子は一八歳になると父の所属する区（デーモス）に市民権登録され、一八～一九歳の二年間は見習い兵（エフェボイ）として軍事訓練と国境守備の義務を負った。アテナイ北方のアカルナイ区で発見された前四世紀後半の石碑には、毎年新たに見習い兵となった者たちが誓うべき文言が次のように刻まれている。

私は神聖な武具を辱めません。隊列を組むときはいつでも隣りの者を見捨てること

▲見習い兵の誓いを刻んだ石碑。上部に武具のレリーフが施されている。（前350～前325年頃。アテネ、フランス考古学研究所）

▼プニュクスの丘の民会議場跡。中央が話し手の演壇。（撮影：竹内）

はしません。私は神のものも人のものも守り抜きます。私の力の及ぶ限り、皆とともに、祖国を衰えたままにせず、より大きく、より善くして渡します。つねに分別をわきまえて力を行使する人々と、現在有効な定め、また将来分別をもって有効とされるであろう定めとに従います。もし何人かがこれに反する場合には、私の力の及ぶ限り、皆とともに、これに関わりません。そして、父祖伝来の儀礼を尊重します。

（*GHI* 88）

見習い兵としての二年が過ぎれば、市民たちの仲間入りをする。しかし、二〇歳を迎えたからといって、直ちに市民として発言・行動する権利を行使できたわけではない。クセノフォンの『ソクラテス言行録』によれば、アリストンの息子のグラウコン―彼は哲学者プラトンの兄である―は、国家の主導者になりたい

▲陪審員の身分証。父の名と本人の名、区名が記されている。（前4世紀。アテネ、古代アゴラ博物館）

▶演説する男とそれを聴く男。男が演壇に立って演説をしている。それを聴く男が聴衆を象徴している。演説者は両手を着物の中に入れて何の身振りもしていない。前5世紀後半にクレオンが手を出して演説するようになるまでのスタイル。（前5世紀初め。パリ、ルーブル美術館）

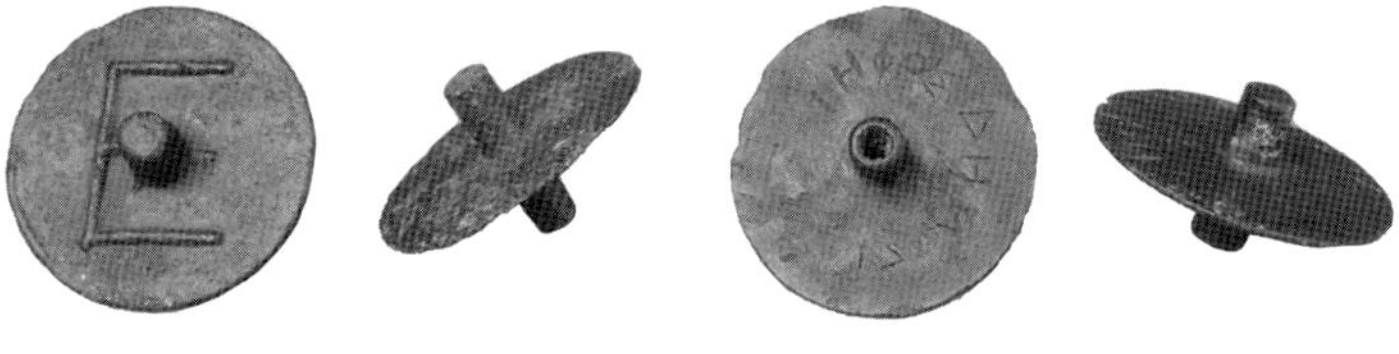

▼投票用具。各々の陪審員に、芯が充填されているものと中空の2種が与えられた。（前4世紀。アテネ、古代アゴラ博物館）

一心で、まだ二〇歳にもならない頃に民会で演説をしようとした。このとき、身内の者も友人たちも皆彼を止めようとしたが、それは彼が演壇から引きずり下ろされ笑いものにされるのを心配したからだという。民会とは、アテナイの成年男子市民が集う全体集会で、国家の最高議決機関であった。民会には二〇歳以上であれば貧富の別なく平等に出席し、投票する権利を与えられていた。しかし、発言はそうではなかったらしい。実際の議場では、触れ役が「五〇歳以上の方で発言したい方はおられますか？　そして次に残りのアテナイ市民の方は順番に」と呼びかけたのである。前四世紀後半に政治家・弁論家として活動したアイスキネスも、次のような議事進行が国家のあるべき姿なのだと説く。

まず市民の中の最年長者がおのずからなる威厳をもって登壇して、野次も騒擾もなしに経験に照らして国家にとっての最善を献策し、それが終わってはじめて残りの市民のうちの有志の者が、年齢順に一人ずつ個々の問題について順次意見を述べる。

（アイスキネス『クテシフォン弾劾』二）

こうした年齢による一定の制限は、民会のみならず、成人男性による民主政の運営において重要な要素となっていた。例えば、①民会への議案を先議して議題を提出する役目を

負い、各部族から五〇人ずつ選出される五〇〇人評議会の評議員（ブーレウタイ）、②アテナイの中心的な司法機関である民衆裁判所を構成する裁判員（ディカスタイ）、③前五世紀末以降、法の改正や廃止の審議のために選出される立法委員（ノモテタイ）、そして、④民主政諸機関において行政の実務にあたり、国内だけで毎年七〇〇人に上ったという役人たち（アルカイ）は、いずれも三〇歳以上の市民に限られていた。また、⑤民主政が確立する以前のアテナイで行政・裁判上の重要な権限を持っていたアレオパゴス評議会も、退任した九人のアルコン—筆頭アルコン、バシレウス、ポレマルコス、六名のテスモテタイ—がその評議員となったから、三一歳以下ではあり得なかった。さらに、⑥大ディオニュシア祭やタルゲリア祭といったポリスの祭儀において、少年の合唱競演を担当した合唱隊奉仕者（コレゴス）など、ある種の役職は四〇歳以上の市民から選ばれることになっていた。

推計では、一八〜三〇歳のアテナイ市民は成人男性の約三分の一を構成していた。つまり、成人男性の三分の一は民会に出席し、票を投じることはできたが、年長者より先に発言することは制限され、抽籤によって裁判員や役人に選ばれることもなかったのである。

アテナイ成人男性の重要な義務の一つに兵役があり、二〇〜三〇歳の者が最も頻繁に募兵されたと言われる。アテナイの立法家ソロンも「七年周期の四番目（二一〜二八歳）には、誰もみな力が最も強い。男はこの力というものによって、勇気のしるしを示す」（断片二七）と述べている。見習い兵奉仕（エフェベイア）の二年間を含めると、市民は戦士として四二年間にわたり軍務に携わった（第3章第5節「兵士」の項参照）。そして、兵役最後の年の市民、すなわち五九歳の者は事実上兵役を免除され、アテナイ市民間の私的な係争—私訴（ディケ）と呼ばれる—の仲裁員（ディアイテタイ）を一年間務めねばならなかった。仲裁員は抽籤で決まり、引き受けなければ市民権を停止された。

▲陶片追放の際の陶片を数えているところと思われる。真ん中右の髭の男は尖筆と書き板を持って票数を数えている。票は右から左からもたらされて中央の壺の中に入れられる。（前470年頃。オクスフォード、アシュモレアン博物館）
▶議論する市民たち。（ロンドン、大英博物館）

また、市民としての義務を果たすため、そして自己の鍛錬のために、余暇もまた成人男性の日常生活の一部であった。労働ではなく、体育練習場で運動に取り組んだ。アテナイには主たる体育練習場としてアカデメイア、リュケイオン、キュノサルゲスがあった。さらに、アゴラに集い、哲学談義に耳を傾け、夜にはシュンポシオン（酒宴）に参加する、こうした過ごし方に加え、ポリスやその下部単位である区などの祭儀や劇競演に参加するのも余暇がなければできないことだった。

一方、アテナイ人女性には男性と同じような市民権登録の手続きはなかった。先にも述べたように、女性は一五歳頃、男性は三〇歳頃に結婚したから、女性は早くも三〇歳過ぎ

▲ギュムナシオンでの練習風景。(P. Valavanis, *Games and Sanctuaries in Ancient Greece*, LA., 2004 より)
▶現在、アカデメイアは考古学公園となっている。(撮影：竹内)

▲プニュクスの丘から、アクロポリス（右）、アレオパゴス（中央）、アゴラ（左手）を望む。後方はリカビトスの丘。(撮影：竹内)
▼近年発掘されたリュケイオンも考古学公園として整備された。(撮影：竹内)

▲徒競走。踏み出す脚と手の振りが交差しない、いわゆる「ナンバ走り」をしているように見えるが、描画上の技法によるものと考えられている。(前530年頃。ニューヨーク、メトロポリタン美術館)
▼おそらくテスモフォリア祭の場面を描いたキュリクス。左にデメテル女神が座り、右手の祭壇の前に女神官と思われる女性がいる。(前560～前550年頃。ロンドン、大英博物館)

Column_⑥

同性愛

　古代ギリシアにおいて同性愛が禁忌の対象ではなかったことはよく知られていよう。同性愛を示す多くの図版が残されている。リュシアス第三番弁論の話者は、冒頭「とても恥ずかしい」と言う。彼はプラタイア出身の少年を愛するようになり、恋敵から計画傷害罪で訴えられ、この弁明を語っている。事情説明の最初にこう言うのであるが、よく聞いてみると、恥ずかしいのは少年を愛したことではなくて、「私の年にも似合わず」少年を愛してしまったことである―彼は四〇歳以上であろう―。そして、「ご存じのように、恋い焦がれるというのはあらゆる人間に起こることなのです」と述べる。男でも女でも恋心を駆り立てる美しさを持つときはあり、それを愛するのは自然のことと考えられた。同時に男女双方を愛することもあり得たろう。ただし、結婚は子孫を残して家を継続させるためのものであり、愛とは関係がなかった。愛の楽しみは家の外で楽しむべきものだった。

　愛に男と女との区別はなかったが、別の区別が働いていた。「能動」と「受動」の区別である。愛する能動者が愛される受動者を支配するのであって、つねにこの支配と従属の関係が意識されていた。男女の場合、男が女を支配し、男同士の場合は年配者が少年を支配するのが普通だった。そして、市民として許されるのは「能動」の立場に立つことだった。受動的立場に立ったことが明らかな者は、市民としての資格がないと見なされた―少年であっても従属者に成り下がらぬ道はあった―。アイスキネスは職務不履行で訴えられたとき、訴えたベテラン政治家ティマルコスを訴え返した。男娼経験者は民会で弁論する資格を禁じられているが、ティマルコスはそれに反している、というのである。彼が男娼であったとの直接的証拠はない。しかし、彼の生涯をたどりつつ噂や間接的証拠で彼の態度を説明し、アイスキネスは勝利を勝ち取った。彼は男色を否定したのではなく、自分自身その経験があることを認めつつ、自由人としての男色のあり方を説き、ティマルコスはその則を超え、金銭の誘惑に負けて色を売ったと弾劾したのである。性愛も市民としての矜持と無関係ではなかった。

▲求愛する若者たち。少年たちの受け入れはそれぞれ異なる。金髪も黒髪もいる。（前510年頃。ベルリン、旧博物館）
▶少年に求愛する男。カップの裏側では少年が男に飛びついて応えている。（前530年頃。ボストン美術館）
▼少年の思いに応えて膝の上に乗ろうとする別の少年。年配の男と女がそれを見守る。（前420年頃。ロンドン、大英博物館　© The Trustees of the British Museum）

に孫を抱く可能性があった。結婚後は主婦として家を管理することが求められただろう。なかでも、機織りは女性の仕事であった。クセノフォンの『オイコノミコス』の中で、イスコマコスが妻に次のように説く。

君は家の中にいて、外で働く奴隷たちを送り出す一方、家の中で働く奴隷たちを自分自身で監督しなければならない。さらに、収入分を受け取って、支出分を分け与えなければならない。そして、蓄え分を、あらかじめ考えて残しておかなければならない。一年間にとっておいた量を一カ月で消費してしまわないように。また、羊毛が手に入った時は、衣服を必要とする者のために、服を作るようにしなければならないし、乾燥穀物をちゃんと食べられるよう、気をつけていなければならない。

（クセノフォン『オイコノミコス』七・三六）

女性は政治的権利を持たず、在留外人（メトイコイ）や奴隷と同様、民会に出席することはできなかったし、不動産を売買することも禁じられていた。その一方、女性たちは宗教行事に参加することはできた。なかでも、テスモフォリア祭は穀物の女神デメテルとペルセフォネを祀るポリス祭儀で、古くからギリシア各地で営まれていたことが知られている。この祭の詳細は参加した女性たちしか知り得ず、男性は知ってはいけないとされていた（一二〇頁参照）。

その若者が言うには、女性はものごとに抜かりがなく、蓄財に長《た》けている。彼はこうも言った、女性たちはテスモフォリア祭の秘密を口外したことなど一度もないのに、君や俺のほうは、評議員になるといつも機密を漏らしている、と。

（アリストファネス『女の議会』四四一・四四四行）

アテナイの女性たちは家を出てアクロポリスの麓（あるいはプニュクスの丘近く）の集会場に集まり、豊穣と子宝を祈願したという。この祭の期間には民会や評議会などは開かれず、男たちは政治を小休止し、妻の代わりに家を守ったようだ。

4 結婚

古代ギリシア語に「結婚」を表す単語はなかった。「結婚」に一番近い単語「ガモス γάμος」は、結婚の祝宴を表し、広義にはそれのもたらす性的関係を表す。「ガモスを行う」と言うのは前者の例であり、「昼日中のガモス」が売春を表すのは後者の例である。この語の元となった動詞形 γαμέω は、男の側から「特定の女を得る」（能動形）、女ないし両親の側から「自分自身ないし娘を男に与える」（中動形）の意で、その背後に性的結びつきの意味を秘めている。要するにここから窺われるのは、結婚の祝宴がそれに続く性的関係を公認し、そこから生まれる子供を親の市民権と財産を継承する正当な資格を持った者とする、という考え方である。愛の結びつきが結婚なのではなく、儀式を通して二人の作る「家」を社会的に公認することが結婚の本質だった。

理屈から言えば、この儀式を重ねれば何人かの女性から同時に自分の正統な子供を作れるが、ギリシア人はそうしたことを嫌った。エウリピデスの『メデイア』は、イアソンが黒海沿岸から連れ帰ったメデイアとの間に子供までもうけながら、土地の王の娘とガモスを挙げたことから始まる悲劇である。メデイアの怒りは激しく、毒のしみこんだ服を贈って娘と王を殺したばかりか、イアソンとの間の（イアソンの血を引く）子供までも殺してしまう。そして最後に二人は罵り合う。子供を殺したのはあなたなのだと主張するメデイアに、イアソンはこの手は殺していないと反論するが、「新しいガモスの非道狼藉こそが原因」とメデイアは言い返すのである。

この劇が上演されたのは前四三一年春のことだが、その数カ月後に始まったペロポネソス戦争では、兵士不足に悩むアテナイで、ガモスで得た女性のほかに「別の一人から子供を得るも可」という投票決議がなされたと言

▲結婚式の準備。上のピュクシスと呼ばれる容器に描かれた絵を下は平面に引き伸ばしたもの。花嫁の沐浴をしてから着付けるまでの準備が順を追って描かれている。なお、ピュクシスは香水や宝石など女性用の持ち物入れとして使われる。（前420年頃。ニューヨーク、メトロポリタン美術館）
◀結婚式の準備が整った花嫁。この形の陶器はレベス・ガミコスと呼ばれ、結婚式で水を運ぶのに使われた。多くに結婚に関わる絵が描かれている。（前420年頃。ニューヨーク、メトロポリタン美術館）
▼結婚式の準備をする花嫁。髪を結んでいる。左上方からエロスが、左右両側から人間の女性が助けている。（アテネ、国立考古学博物館）

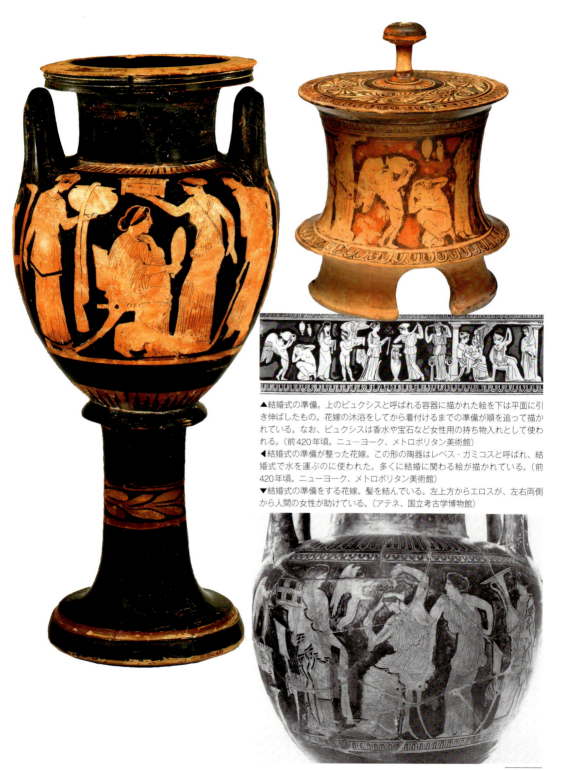

われる。これによってソクラテスは、悪妻として知られるクサンティッペのほかにミュルトという妻を持ったとされるが、こうしたことは現実に起こったと考えられる。しかし、少なくとも法文の上では、ガモスが重ねられることは慎重に回避されているように見える。おそらく、ここから生まれた子供は市民としての権利を認められただろうが、家に関わる権利は何らかの制限を受けただろう。

　しかし、ガモスで出来た夫と妻だけでは十分な「家」ではなかった。アリストテレス『政治学』第一巻第三章には、この他に「主人と奴隷」「父と子供」という関係が「家」の最少の部分だとされている。古代ギリシア語に「夫」と「妻」を表す標準的な単語は存在せず、「男」と「女」とだけ言われたが―これは現代ギリシア語においても変わらない―、「男と女」の関係は家の中の一つの関係にすぎなかった。この関係は、愛情問題を別とすれば、財産をめぐるときにややこしくなる。女は嫁資（プロイクス）を持って、言い換えれば女の親ないし後見人は嫁資を持たせて、嫁入りするのが普通だった―この慣習は現代まで残り、法律によって禁止されたのは一九八一年のことであった―。男はこの嫁資を自由に使えたが、死別であれ離婚であれ、女が家を離れるときには、女はその嫁資のすべてを持って行く権利があった。そのため、婚約（エンギュエ）の際に契約書を作ったり証人を立てたりして嫁資の中味をはっきりさせることが、一般に行われた。

　最大の問題は、相続人が女だけになったときに起きる。家作や地所を継ぐ者が娘だけになったなら、その娘はそれを放って他の家に入ることはできない決まりだった。そうした娘―アテナイではエピクレロス、ゴルテュンではパトルコスと呼ばれた―をどうするか（いや、ポリスにとってはそうした土地をどうするか）は、各ポリスで大きな問題となったようで、クレタ島のゴルテュン法典では細かくその娘と結婚する順番と、さまざまな場合の措置が決められている。父の兄弟が年の順に、それがいない場合は兄弟の子供が年の順に結婚の権利と義務を持ち、さらに当該者が未成年であった場合にどうするかを定めるなど細かい。アテナイでも、最も近い親族が結婚することと、結婚しない場合には役人が乗り出すことが決まっていた。ポリスがある「家」にゆだねた土地を、その「家」に守らせようとする意思の表れと言うことができよう。

　さて、結婚はどのようなプロセスを経て成就されるのだろうか。多くの絵画史料からその大体が分かっている。婚約が整ってから長ければ数年―少女が幼い頃の婚約は大いにあり得ることだった―、短ければ数日で、嫁入りの日がやってくる。男は三〇歳、女は一四歳くらいからが適齢期だとされる。嫁入りの前に花婿は花嫁を自分のフラトリア（兄弟団）に紹介し、犠牲式を行った。これから迎える花嫁を正妻と認めさせる第一歩である。さらに、若い娘はアルテミスに犠牲を捧げる。アルテミスの支配する少女の領域から、アフロディテの支配する大人の領域に移るのを認めてもらう儀式で、髪を切って捧げ、アフロディテにも捧げ物をする。年齢の関係で、男の方はすでにこうした儀式を済ませていたろう。結婚とは、大人同士でなされるものだった。

　嫁入りの儀式の前に、花嫁も花婿も聖なる水で沐浴する。洗うことで結婚前と結婚後とが明確に区分されるのである。アテナイでは、この水はアゴラの南東に建てられた泉小屋（エンネアクルノス）から汲まれてきた。ルートロフォロスと呼ばれる特別の形の容器が用いられ（この容器は葬儀にも使われた。五二頁右上の図参照）、子供が運んだ。ガメリオン月がその名の通りガモスが好んで行われた月だったとされるが、これは一月か二月に当たる。運ばれた聖水は温められ、沐浴に使われた。身が清められると、式用の衣装を着る。花婿は輝くように織られた外套を着け、没薬を塗り込める。花嫁も化粧をして香水をつけ、さまざまな色の宝石に飾られたネックレスと紫のドレスを着、特別のサンダルを履く。頭にはヘアバンドをつけ冠をかぶり、さらにヴェールをかけるが、これについては後

▲結婚式のダンス（1）。レキュトス壺の肩に描かれた絵。3人一組で、ダンスの3つの場面を示すと考えられる。足を広く広げ早く動く場面、手をつないでおそらく円形になって踊る場面、相手の手首をつかんで進んで行く場面に笛吹きと竪琴弾きの音楽家。3人の真ん中が花嫁かもしれない。花嫁の嫁入り図（2）の描かれた壺の肩に描かれたもの。（ニューヨーク、メトロポリタン美術館）

◀花嫁の嫁入り図（1）。ピュクシスの円筒形の周囲に描かれた絵。これを平面に広げたのが下の図。（前470～前460年頃。パリ、ルーブル美術館）

▼花嫁の嫁入り図（1）の展開図。扉の横の女性に送られて花嫁は花婿に連れられて新しい家に向かう。見守るのは月桂樹を持ったアポロン神と弓を持ったアルテミス女神、そして扉の前で待つ新しい両親に迎えられる。（パリ、ルーブル美術館。F. Lissarrague, *Greek Vases: The Athenians and their Images*, Eng. ed.,2001より）

述しよう。また、家にもお祝いを示す枝をつけて、特別のことが行われることを示す。

以上が整うと、祝宴が開かれる。大抵は花嫁あるいは花婿の家で開かれたようだが、聖地で開かれることもあった。聖地で祭に合わせて開けば、祭儀用の肉を利用できるし、祝宴の間神の陪席も願えた。基本的なやり方は通常のシュンポシオン（酒宴）と変わらないが、大きな違いは男女が同席することである。ここに誰を呼ぶか、料理をどうするかはいつの時代にも変わらぬ大きな問題であったろう。いろいろな料理が出されたろうが、結婚式用のごま入り菓子が用意されるのが他の宴会と違った。また、祝婚歌を含む歌が歌われたし、踊りが踊られた。「おお、愛しき花婿よ、お前を何に喩えよう／ああ、何よりも、やせた若木にお前を喩えよう」というサッフォーの歌（一一五）はこうしたときに歌われたのだろうし、陶器画を信じれば、女たちは手をつなぎ列を作って楽しく踊っただろう。

日が暮れると、皆の見守る中、花嫁の父は娘を花婿に渡す。このときに花婿と花嫁ははじめて一緒になる。

▲花嫁の嫁入り図（2）。陶器に帯状に描かれたものを合成したもの。ロバの曳く先頭の車に新郎新婦と新郎の付き添い、後ろの馬車に4人の賓客が座り、花婿の家に向かっている。（前550～前530年頃。ニューヨーク、メトロポリタン美術館）

▲▶結婚式のダンス（2）。結婚式用のレベス・ガミコスに描かれたダンスの絵。上はそれを平面に展開した図。真ん中あたりで列を先導して列の後ろに出ようとしているのが花嫁と思われる。（前470年頃。ミュコノス、考古学博物館）

▼ヴェールをかぶった花嫁。実際はヴェールをかぶっていたことを暗示させる絵。（前540～前530年頃。ボン大学）

そしてこのとき「アナカリュプテリア」が行われたとも考えられている。これは通常「ヴェール取り」と訳されるが、いささかの説明が必要である。まず、ここに言うヴェールとは、ヒジャブ、ブルカ、チャドルといった現在のイスラム圏の服装と同様に、頭や顔の一部または全部を隠すもののことである。古代ギリシアの女性はそうした服装をするのが原則だった。陶器画などにそうしたヴェールをした女性像は稀ということがあるが、これはそれ以上に描きたいことがあったためのデフォルメにすぎず、よく見ればヴェールを暗示する仕草はあるし、必要なときにはヴェールが描かれている。例えば、この後花婿の家に花嫁を連れて行くことになるが、その情景を描いた絵を見ればいい。ヴェール社会においてヴェールの中の顔を見せるのは身内に限る。「ヴェール取り」はそうした社会において花嫁が花婿のものとなる儀式である。おそらく、祝宴で（とりわけ花嫁の家で開かれた場合には）、ヴェールを取って花婿と顔を合わせる機会があっただろうし、皆に（特に女性に）顔を正式に見せる機会もあったかもしれない。ついで花婿の家に連れられてきて、松明をかざした新しい母に迎えられるとともに、受入れの儀式として竈で木の実や干し果物などを浴びせかけられるが（カタキュスマタと言われる）、このときにもヴェールを取る機会があったかもしれない。しかし、本当の意味で

◀ベッドに座る新婚の2人。花嫁のヴェールを完全に取ったところ。（前150～前100年のテラコッタ像。パリ、ルーブル美術館）
▼贈り物を受け取る新婦。結婚式に使われるレベス・ガミコス型陶器。上には贈り物を受け取る新婦が描かれている。新婦はすでにこの形の陶器を膝に持ち、右の女性はもう一つ同じ形のものを持ち、さらに箱と布を贈り物用に持っている。左側の女性は枝編みの箱を持っている。下にも同様の絵が描かれ、右側女性は枝編みの箱を、左側の女性はヘアバンドを持ち、2人の間にはバスケットが置かれている。これはカラトスと呼ばれる毛糸を入れるバスケット。（前430年頃。パリ、ルーブル美術館）

のヴェール取りが行われるのは、その後花婿に連れられて入った寝室においてであった。そして外では歌が歌われる。花嫁と処女とがやり取りをする。「処女《おとめ》よ、処女、お前は私をおいてどこに行く?／あなた様の元には、ああ、もう二度と戻りませぬ」（サッフォー、一一四）。

一夜が明けて、夫と妻になった二人の家族と友人が二人を起こしにやって来る。歌と踊りと共に祝いは続き、贈り物が贈られる。その様子を描いた絵に愛の神エロスが多く描かれ、花嫁自身がエロスを赤ん坊のように抱いていることからも分かるように、この贈り物は多産を目指したものだった。この日の後、花嫁は本当の妻となり、結婚は完成する。

❀5 老人

アテナイの立法家ソロンは、その詩（断片二七）によって、さまざまな年齢の特徴を表している。なかでも、「五番目の七年間（二九～三五歳）は、男が結婚に心を向け、その後、子らの誕生を求めるべき時期である」とし、「十番目の七年間（六四～七〇歳）に達して最期に臨むならば、お迎えの来るのが早すぎるということはもはやないだろう」と歌う。これが古典期のアテナイ人の実状にも近かったとすれば、アテナイ人男性は三〇歳頃に結婚して子をもうけ、六〇歳頃にはその息子が結婚して孫が生まれただろうし、おそらく七〇歳が人間の生涯の限界であると考えられていた。戦士としての成人男性の退役を一つの区切りとするならば、アテナイ人の兵役期間は男子が一八歳で見習い兵になってから四二年間で、兵役最後の年すなわち四二年目に六〇歳になる者は仲裁員に任命され、その翌年に退役をした。

　アテナイ人の最高齢者として知られる人物は、アッティカ北東端に位置するラムヌース区のエウフラノルという男性で、同地で発見された前四世紀後半の韻文墓碑銘は、彼が一〇五歳まで長生きしたことを伝える。もちろん、古典期のアテナイに出生証明書などは存在しなかったため、その数字を素直に受け取ることはできない。また、女性の平均寿命は男性よりも一〇歳ほど低かったとされるが、アテナ・ポリアスの女神官を最初に務めたリュシマケの奉納台座には「リュシマケ、ドラコンティデスを父として生まれ、八八年の生

▲ラムヌース区エウフラノルの韻文墓碑銘。（前４世紀後半。アッティカ、ラムヌース遺跡）

涯であった。四人の子供をもうけた後、都合六四年にわたりアテナに奉仕した。」と刻まれている。文字通りにとれば、リュシマケは二四歳までに四人の子供を出産し、それから六四年間、アテナ女神の神官職に就いていたことになる。もし、リュシマケの息子が三〇歳頃に結婚して子供が生まれたとすれば、彼女にはひ孫もいたかもしれない。

　ギリシアの哲学者たちは、私たちが思い描くように、みな老人である。後三世紀前半に活躍したディオゲネス・ラエルティオスの『ギリシア哲学者列伝』は、多くの哲学者たちの死亡年齢を概ね正しく伝えており、アリストテレスは六三歳、イソクラテスは九八歳、プラトンは八一歳、ソクラテスは七〇歳、ソロンは八〇歳、テオフラストスは八五歳か一〇〇歳以上という―彼には『老いについて』という著作もある―。

　老人への思いは時代により、地域によりさまざまである。ホメロスの叙事詩には尊敬すべき老人の姿が描かれている。ピュロスの王ネストールは、年下のアガメムノンとアキレウスに次のように語りかける。

> どうかわしのいうことを聴いてくれ。そなたらは二人ともわしより年は若い。かつてわしはそなたらよりも優れた人々と付き合いがあったが、この人たちがわしを軽んずるようなことは決してなかった。

（ホメロス『イリアス』一・二五九〜二六二）

一方、初期の詩人たちは老いを否定的に見ていたようだ。アテナイのソロンも「おびただしい品々をみな、あの世に持って行けるわけでもなく、身代金を払えば死が避けられるわけでもなく、重い病や醜い老いが近づいてくるのも避けられないのだから」（断片二四）と老いの醜さを憂う。ただし、テバイのピンダロスは「若い時、正義とともになされた労苦からは、老いる頃、穏やかな人生が結実するもの」（『ネメア第九歌』四四）と歌い、むしろ老いを肯定的に捉えていた。ピンダロス自身、八〇歳まで生きたとする伝承がある。

前五世紀のアッティカ喜劇では、老人はしばしば短気で毒舌家として風刺される。アリストファネスの『蜂』のコロス（合唱隊）は裁判員を務める老人たちであり、その長が「わしらを仔細に観察すれば、性格、生き方、あらゆる点で、蜂そっくりと知られよう。まずはひと度興奮すると、これほど怒りっぽくて気むずかしい生き物はない」（一一〇二〜一一〇五）と述べる。また、老人の哀れさを敢えて強調することで、そこにはおかしみが生まれる。

▲リュシマケの奉納台座。（前4世紀初め。アテネ、新アクロポリス博物館）
◀台座に据えられていたリュシマケの青銅像をモデルにしたとされるローマ時代の大理石女性像。（ロンドン、大英博物館）

アリストファネスの『アカルナイの人々』の一節を引用しよう。

私たち、齢《よわい》重ねた老人が、このポリスの過ちを非難します。なぜなら、私たちは、私たちが戦ったあの海戦の功績に相応《ふさわ》しい老年の世話を諸君たちから受けておらず、それどころか、恐ろしい目に遭わされているのです。諸君は、年老いた男たちを訴訟の渦中に投げ込んで、若造の弁論家たちによって笑いものにされることを許しているのです。

（アリストファネス『アカルナイの人々』六七六・六八〇）

そもそも、アテナイ市民は両親を扶養する義務を負い、それを履行しない者は虐待の罪に問われた。すでに前六世紀のソロンが定めた法に、両親を扶養しない者は市民権を停止されるべし、という文言があったらしい。おそらく、前五世紀中頃のペリクレス以後、財産が三ムナ以下で労働のできない身体障害者は、評議会における資格審査の上、日に二オボロスが生活費として国庫から支給されるようになった。アイスキネスの『ティマルコス弾劾』には、盲目の老人がこの受給資格を得られなかったことが述べられている。また、老人の中には、プリュタネイオンでの生涯にわたる食事の提供という栄誉を手にした者もいただろう（一一三頁参照）。

一方、スパルタでは老人に特権的な地位が与えられていた。スパルタの評議会である長老会は、二人の王と六〇歳以上の市民二八名の合計三〇名からなっていた。国の最高決定機関は民会だったが、長老会はその決定を拒否する権限を持っていた。ヘロドトスは、スパルタ人の風習として、若者が年長者に出会うと道を譲って脇へ避け、また年長者を部屋に迎えるときには席を立つことを伝えているし、クセノフォンの『ソクラテス言行録』も、ペリクレスの口を借りて次のように述べている。

　われわれの国家には完璧な立派さは何ともはるか遠方にあるのですね。というのも、いつになったらアテナイ人は、ラケダイモン人のように、年長者を敬うようになるのでしょうか、自分の父親をはじめとして老人たちを侮蔑しているあの連中が。

（クセノフォン『ソクラテス言行録』三・五・一五）

アテナイの老人男性は宗教儀礼においても役割を果たした。一年がはじまるヘカトンバイオン月の下旬に、ポリスの守護神アテナ女神を祀って開かれたパンアテナイア祭では、二八日に大規模な行列が行われた。その行列には、アテナイ人や在留外人の少女たちに加え、オリーブの若枝を運ぶ役目（タッロフォロイ）を担う老人男性の姿があった。クセノフォンの『饗宴』によれば、彼らは単なる老人ではなく、「美しい」老人男性であったという。おそらく、パルテノンフリーズの一場面は彼らを表現していると思われるが、そこにオリーブの枝はない。

▲タッロフォロイと思われるパルテノン北面フリーズの老人男性たち。（アテネ、新アクロポリス博物館）
▶イソクラテス（前436年～前338年）。（ベルリン、新博物館）

一方、アテナイの女性は祭儀への参加を除けば、家の中にとどまり、他の男性の目に触れないように暮らしていた。しかし、老人になるとそうした規制は弱まったようで、六〇歳以上になると遠戚の者や他人の葬儀に参加できるようになったらしい。デモステネスの『マカルタトスへの抗弁』に、関連する法が引用されている。

　死者を、望むままに、屋内に安置すること。しかし、安置した日の翌日には、日が昇る前に死者を運び出すこと。運び出す際には、男たちが先を歩き、女たちは後を歩くこと。女は、六〇歳に満たぬ者は、又従《またい》姉妹《とこ》までの者たちを除き、死者の部屋へと立ち入ってはならない、また、墓地へと運ばれる際には、死者について行ってはならない。遺体が運び出された後には、又従姉妹までの者たちを除き、女は死者の部屋へと立ち入ってはならない。

▲アッティカ白地レキュトスの展開図。息子の死を悼む老いた父。頭に手を当てるのは哀悼の仕草。（前5世紀末。ベルリン国立博物館）

Column_⑦

ライフサイクルと家族のあり方

古代ギリシア人は人生の移り変わりをどのように捉えていたのだろうか。サモスの数学者・哲学者ピュタゴラスは、人生を二〇年ごとの四段階、つまり少年は春、青年は夏、壮年は秋、老年は冬という四季に分けて考えた。一方、アテナイの立法家ソロンはその詩において人生を七年ごとの一〇段階に分けている。彼によれば、男は四二歳まで成長していき、五六歳でピークを迎え、七〇歳に向かって衰えていく。七年ごとのサイクルは、男性の成熟期（アクメ）を身体的には三五歳、精神的には四九歳とした哲学者アリストテレスにも見られる。

では、実際の平均寿命はどれほどであっただろうか。正確なことは分からないが、今日の半分ほど、おおよそ四〇歳前後であったと考えられている。幼児死亡率は少なくとも二五パーセントに達したが、一〇歳を迎えることができた者はその後二〇年以上生きる可能性があった。ローマ世界における推計がギリシアにも当てはまるのならば、人口の二一パーセントが五〇歳、一三パーセントが六〇歳に達したとされる。一般的に、女性の方が男性よりも一〇年ほど平均寿命が短かったとされる。その理由には、女の子は男の子よりも十分養育されなかったこと、一五歳頃というまだ若いときの妊娠が体の負担となったこと、そして、家庭における手仕事も過酷であったことなどが挙げられる。

ポリスの基礎的な社会単位は「家」であり、ギリシア語でオイコスと呼ばれる。両親と子供たち

▲ある家族がアスクレピオス神とその娘神ヒュギエイアに牛を捧げる。右端の女性は乳母と考えられ、布にくるまれた赤ん坊を抱いている。（前4世紀後半。パリ、ルーブル美術館）

からなる核家族を主体としながら、それに祖父母を伴う直系家族や未婚の女性親族—叔母、妹、姪、従姉妹など—を含む拡大家族の形態も相当数見られる。なお、兄弟姉妹間や親子間の結婚は禁じられていたが、異母兄弟姉妹間やいとこ間、さらにおじと姪の間の結婚は行われていた。つまり、古代ギリシアでは親族内で縁組みをすることが一般的であった。また、オイコスには、家内奴隷や下宿人といった血縁でない人々や、不動産や動産、家畜やペットまでも含まれた。

▲姉ムネサゴラが幼い弟ニコカレスに小鳥を手渡す。亡くなった2人の姉弟のために両親が建てた墓碑。（前420年頃。アテネ、国立考古学博物館。撮影：齋藤）

6 死

死後の世界はどうなっているのか？よく分からない、というのが古代ギリシア人の第一の反応であった。しかし、よく分からないながらも、もし死後の世界があるとすれば、それは地下で魂が静かに休んでいる世界だろう、というのが一般的な考え方であった。ホメロスの『オデュッセイア』にはオデュッセウスが冥界（ハデス）を訪れる話が語られているが（第十一巻）、まさしくそこに語られるのはそのような世界であった。現れたアキレウスの亡霊は、「貧しい男に雇われた最低の労務者（テーテス）であっても生きていたい」と言う。平均的なギリシア人にとって問題なのはこの世であり、来世に期待することではなかった。エレウシスの秘儀は、参加した者の来世での幸福を約束し、参加する者は多かったが、全員がそれを信じたわけではなかった。そもそも参加するだけで幸福を約束されるというのは信じがたいことで、それに対する皮肉も残されている。また、「天国」に当たる「エリュシオン」—これはシャンゼリゼやエリゼ宮の語源である—や「幸福者の島（マカリオン・ネソイ）」といった考えがなかったわけではないが、それは一般人の行くところではなかった。

しかし、古代ギリシアの文学の中には厭世観を表明するものが少なくない。「この世にあるものにとって、もっとも良いことは生まれて来ないこと、／太陽の鋭い光を見ないこと、／しかし、生まれてしまったら、一刻も早く冥府の門をくぐること、／そして分厚い塚の下に眠ること」というテオグニスの名のもとに伝わる無名の詩人（前六～五世紀）の詩にそれはもっとも良く現れていよう。では、この世に執着する思いと、早くあの世に行きたいという願いは、どう折り合いがつくのだろうか。ミムネルモス（前七世紀後半）の詩がそれを考えるヒントを与えてくれる。彼は青春を讃美する。その上で、「人生のこの季節が通り過ぎたとき、ただちに死ぬのが生きながらえるより良いこと」と歌う。老年の苦しみを味わいたくないというのである（四六頁参照）。それだから、「ああ、病気もつらい心配事もなしに／六十歳で死の定めに出会いたい」とも歌う。この世にしか楽しむところはないけれど、苦しみには遭いたくない、というのがそこに見える思いであろう。人生を斜に構えたような詩で知られるヒポナックス（前六世紀後半）の「女には最も喜ばしい日が二日ある／結婚する日と葬られる日と」も、そうした思いを背景に理解せねばなるまい。

また、ソロン（前六世紀初め）は先の詩人に呼びかけて、「八〇歳で死の定めに出会いたい」と歌い給え、と歌う。そして、彼自身は「つねに多くを学びつつ、わたしは年老いてゆく」と歌い、「わたしには涙の無い死など来ぬように、わたしは死んで／友人たちに苦しみと嘆きとを遺したいのだ」と歌うように、日々努力を重ねつつ、何よりも友人のために働くことを理想とした。ソロンにとって問題なのはこの世であり、自らの死がどのように受け入れられるかが、彼の行動を決める指針となっている。死後の世界への思いが彼の行動に影響を与えてはいない。

おそらく、平均的ギリシア人にとっても、死後の世界をこの世の苦しみから逃れられる憧れの地と考えることがあっても、それへ向かって何らかの積極的行動をとる対象ではなかった。そもそも、自らの努力だけではそこに収まることはできないのである。遺された者による定めの儀式を通して初めてそれが可能となるのである。それだから遺体を放置されたエルペノルは亡霊となってオデュッセウスにきちんとした埋葬を願うのだし（『オデュッセイア』第一一巻）、遺体をさらされた兄を憐れんだアンティゴネは法を犯してでも埋葬しようとするのである（ソフォクレス『アンティゴネ』）。家族を見捨てて自殺した場合、それをしてもらえない可能性があった。したがって、死後をにらんでの行動があるとすれば、それは死後に遺す人々への働きかけとなる。財産を遺して子孫に恩恵を与えるなり、後世名声を高めて人々の尊敬を集めるなり、後世の人々が自らへ好意的態度をとるよう働きかけることになる。その一方、遺された子孫にとっても定めの儀式を果たすことは義務であり、そうした儀式を果たさないことは、ヒュブリス（傲慢）罪や両親虐待罪に値することだった。

では、どのような儀式によって死者は冥界へと送られるのであろうか？　葬送儀式は慣習によるところが大きいが、一方、感情の高ぶりと人の集合が何らかの騒動につながる可能性が高いと古くから警戒され、規制の対象となることが多かった。慣習と規制とのせめぎ合いからどのような変化が起こるか、実際を知ることはなかなか難しい。アテナイでは、前六世紀のソロンと「ソロン後しばらくして」の規制令があり、前四世紀末のファレロンのデメトリオスによる規制令も知られている。最後の規制令は葬儀と墓の豪華さの規制で、儀式の手順が変わったわけではない。前二者の規制令などから窺われる手順はつぎのようである。

まず、死者を洗い清め、服を着せて棺架の上に安置する。服は白色を指定したケオス島の例があるが、アテナイの場合はもう少し多様だったようで、ソロンは紫を指定している。死者を囲んで哀悼の儀礼が捧げられるが、このとき音楽が伴った。ソロンは、哀悼者が身体を引っ掻いたり傷つけたりすることや、女性が頬を引っ掻いたり泣涕することを禁じて

▲安置の儀式。中央に死者が寝かされ、2人の女が顔のあたりを取り囲む。さらに寝台の周りに別の女たち、左側には5人の髭の男たちが手を挙げて死者に挨拶をしている。右側には男女が手を差し出し、その横には木があって布のリボンがかかっている。（前560～前550年頃。パリ、ルーブル美術館）

◀死者への嘆き。死者はベッドに寝かされ頭以外は毛布を掛けられている。頭はクッションの上に置かれ、あごひもがかけられ顔の変形を防止しようとしている。ベッドの周囲には女たちがいて髪をひっぱり悲しみを表現している。（前480年頃。パリ、ルーブル美術館）

いるから、慣習上はそうしたことがなされたのであろう。彼は一〇人の笛吹きのみを認めている。安置の儀式（プロテシス）と呼ばれるこの儀式は何日か続くことがあったかもしれないが、ソロンは一日と規定している。そして、翌朝棺に入れた遺体を運ぶ葬送の儀（エクフォラ）が行われる。太陽が出る前に運び出すよう、ソロンは指示している。そして、男が先を女が後ろを歩くようにも定めている。おそらく、馬車が使われ、早朝の道を行列が進んだと思われる。遺体の行き着くのは、土葬の場合は墓そのものであり、火葬の場合はおそらく墓の近くの焼き場であった。前八世

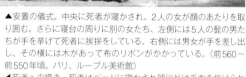

▶安置の場面の描かれたルートロフォロス。このタイプの陶器は葬儀や結婚式に水を運ぶために使われた。（前470～前460年頃。アテネ、国立考古学博物館。撮影：齋藤）

▲右図の拡大図。（撮影：齋藤）

▼墓の浮き彫り。前の陶器画から発展し、前4世紀第2四半期頃には盛んに墓の浮き彫りとして握手の構図（デクシオシス）が取り入れられるようになった。（前4世紀第2四半期。ニューヨーク、メトロポリタン美術館）

▼別れの場面。刀と槍を持った戦士と椅子に座った父とが別れの挨拶を交わしている。右に兜と盾を持った男性。父の左にいるのが戦士の妻であろう。戦士の無事帰還を願った注酒の儀をしようとしている。握手をしての別れはその後墓に取り入れられることとなった。（前5世紀後半。ニューヨーク、メトロポリタン美術館）

紀から前四世紀まで土葬と火葬とが並行して行われ、優劣の差はなかったとされる。そして埋葬の儀が行われるが、さまざまな捧げ物が捧げられる。ただし、ソロンは牛を犠牲に捧げることは禁じている。

墓から帰った後で、関係者は沐浴して身を浄めた後、死者を供養するための宴会（ペリディプノン）が開かれる。また、三日目と九日目に墓で生者と死者とが食事を共にする儀式があった。ただ、これは現代日本の初七日の儀式のように、埋葬の日に同時に済ました可能性がある。そして、最後に三〇日目の儀式（トリアコスティア）があって、これで喪が明けるものと考えられる。以上を通じて、死者は冥界に収まると考えられる。ホメロスの詩篇において冥界は世界の果てにあるオケアノスの流れを越えたところにあったが、前五世紀からは渡し守のカロンによって河を越えてそこに至るという考えが次第に一般的になった。渡し賃が一オボロスで、死者の口にそれを含ませるようになったのは前四世紀からである。

アテナイでは、通常の個人に対するこうした葬送儀礼のほかに、国のために死んだその年の戦死者のための国葬があった。戦地より持ち帰った戦死者の遺骨を幕舎の中に二日間安置し、そこで遺族が何であれ好きなものを捧げる。葬送は糸杉製の棺に部族ごとに遺骨を入れ、さらに遺体が見つからない戦死者のために空の棺架が一つ加えられて車で運んだ。この行列には市民であれ外人であれ誰でも参加でき、女性には墓前での泣涕が許された。墓はディピュロン門を出たケラメイコスにおかれ、埋葬された後、市民の中で最も賢明で名声でも傑出した者が、国によって選ばれ、葬送演説を語った。トゥキュディデスの中に残っているペリクレスによるものが最も有名であるが、そのほかにヒュペレイデスのものが知られ、リュシアス、デモステネスの名のもとに伝わっているものも残っている。それらの中で戦死者たちは「身体からは病気が、魂からは苦悩が取り去られ」、冥界で「幸福者の島」にいる人々と同列の扱いを受けている、と讃えられている。

▲渡し守カロンと死者の案内人ヘルメス。死者の魂が羽を持った鳥のように描かれる。この魂が抜けて肉体は死に至る。（前5世紀。アテネ、国立考古学博物館）

▼右：死後の世界への移行の別の形。魂の案内人ヘルメスが見守るなか、2つの魂が半分沈んだ壺から飛び出している。3つめの魂は壺に逆戻りしようとしている。半分沈んだ壺がこの世とあの世を橋渡しをしているのかもしれない。（前460年頃。イエナ大学）

▼左：冥界での再会。右の女性はあごひもをまだつけ、葬られた格好のまま黄泉の世界に駆け下りて家族と再会する。先の魂の考え方と矛盾する。死後の世界についてはさまざまな考えがあり得た。（前5世紀、白地レキュトスの絵。ニューヨーク、メトロポリタン美術館）

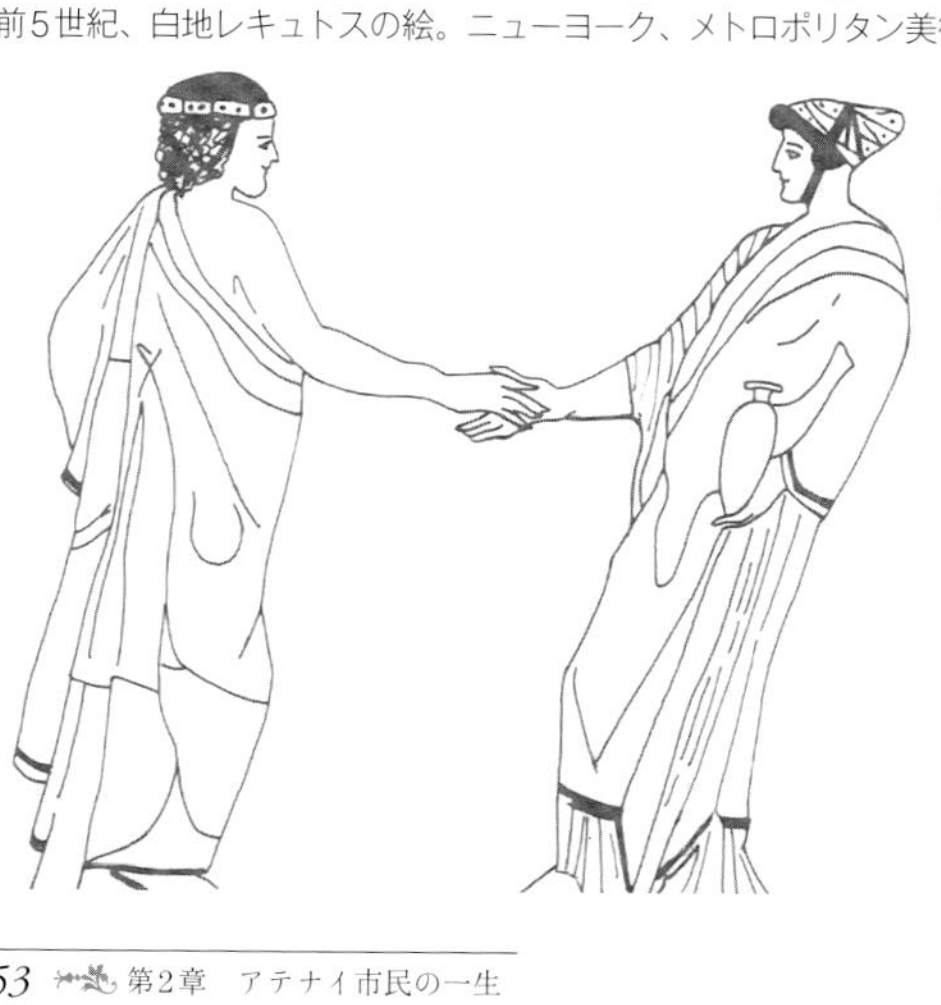

Column_⑧

墓・墓誌・レリーフ

死者をどのように葬り、どのように悼むかは文化によって異なる。また、同じ文化の中でも地域、時間によって変化が現れる。アテナイでは、「死」の項で見た葬儀に対する規制令に応じて墓のあり様も変化したと推測されている。また、前五世紀前半には戦争で戦死した戦闘員の国葬とその者たちのための墓の設置が始まり、個人の墓は一時的にせよ簡素化に向かった。国葬される戦死者は、名を石碑に刻まれ、第1章で見たように、ケラメイコスのアカデメイアに向かう道沿いに共同墓として塚を作って埋葬された。

一方、個人の墓では白地に多彩色で絵の描かれたレキュトスが多用され、墓の上にも中にも置かれることとなった。レキュトスは香油を入れる壺で、発掘から分かる埋葬の状況を見ると、レキュトスに囲まれ、つまり馥郁たる香りの中で—どういった香りか定かには分からないが—静かに眠りについている様子が窺われる。

また、前三九四年のコリントス戦争で戦死したデクシレオスは国葬され共同墓に埋葬されたが、彼の遺族はそれで満足せず、彼を偲

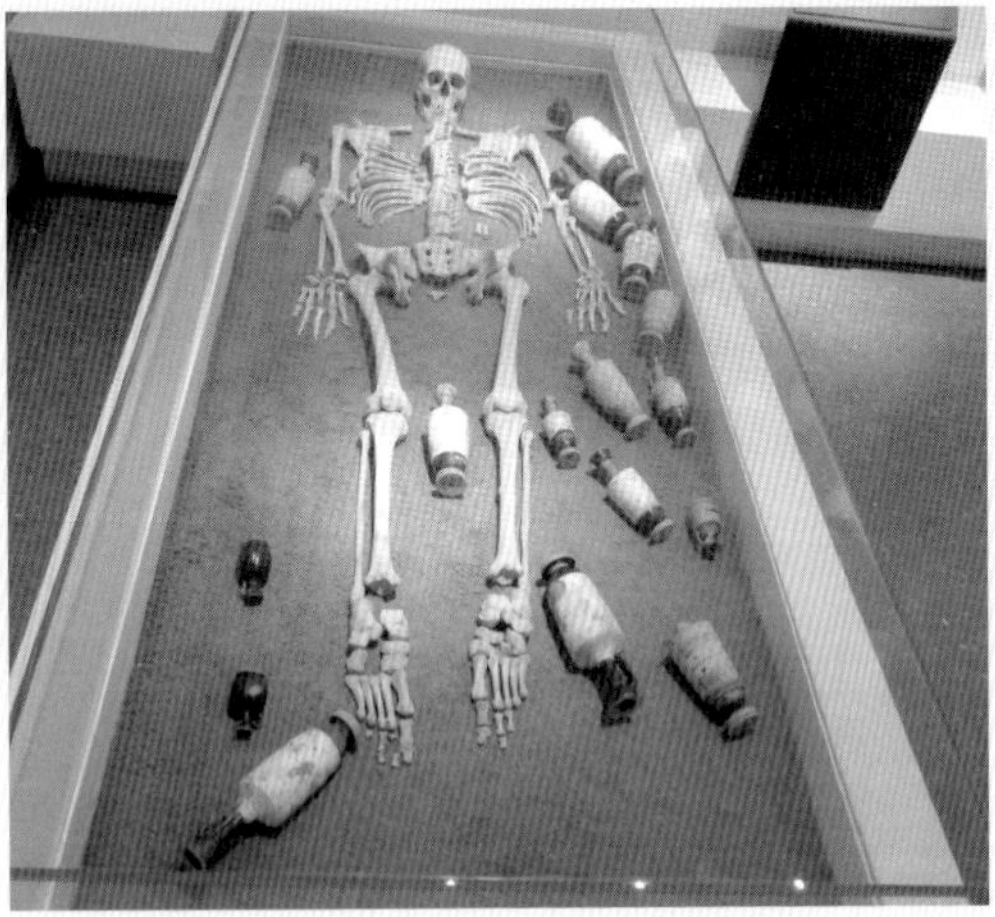

▲白地レキュトスに囲まれた死者。被葬者は25～34歳ほどの男性。(前440～前430年頃。アテネ、国立考古学博物館。撮影：齋藤)

▶白地レキュトス。前5世紀第2四半期頃から白地レキュトスが葬送に関わって使われるようになった。そこには墓地や死者に関わることが描かれるようになる。(ニューヨーク、メトロポリタン美術館)

▼兵士の墓。左の2人は死んだソシアスとケフィソドロスを表している。右側の兵士が同僚に別れを告げている。(前410年頃。ベルリン国立博物館)

んで豪華な大理石レリーフを一族の墓に作っている。このレリーフは墓碑レリーフ史上の傑作の一つとされ、現在ではケラメイコス博物館を飾っている。

墓には墓誌が刻まれるが、単に名前だけでなく、その埋葬者を讃えた韻文が残されることがある。全ギリシアからの例を集めたピークの本には二〇九五の碑文が挙げられている。いろいろなタイプがあるが、例えばケラメイコスで見つかった前四〇〇年頃の墓誌はつぎのように自らを歌う、「われフィレタイロス、命失いてここに眠る。二〇と二つになりて若さを散らす。なすべきことすべて果たして永遠の名声を得たり。思慮深さ、友愛の念においてわれより勝る者は一人となく、体育練習場においてわれを破りたる者もまたなきままに」（四二〇）。また、同じくアテナイの墓誌だが、死者に呼びかけるものもある。「クレアゴラスよ、お前は仲間に苦しみを残して死んだ、誰にも恨みを残さず大地に抱かれよ」（一五三二）。

▲デクシレオスの墓のレリーフ。（前394年。アテネ、ケラミコス考古学博物館）

第3章

ポリスに生きた人々

1 富裕者たち

エウリピデスは『救いを求める女たち』の中で、神話上のアテナイ王テセウスに次のように言わせている。「異国の人よ、君ははじめから口上の切り出し方をまちがえている、この国に一人の君主を求めようとは。ここはただ一人の人間の支配する国ではなく、自由国家であるぞ。民衆が一年ごとの交代によって交互に政権を担当し、富める者に特権を与えることなく、貧しい者もまた同じ平等の権利に与るのがこの国だ」(四〇二〜四〇八行)と。では、アテナイにおける富裕者の実状はどのようなものであったのだろうか。

アテナイでは、前六世紀初めにソロンによって財産政治(ティモクラティア)が導入されている。これは、アテナイ市民を所得評価に従って五〇〇石級(ペンタコシオメディムノイ)、騎士級(ヒッペイス)、農民級(ゼウギタイ)、労務者級(テーテス)の四等級に分け、それに従って政治参加の度合いを定めたものである。それまでの貴族による政治の独占を縮小させるためで、九人のアルコンや財務官(タミアイ)、契約官(ポレタイ)といった主要な役職は上位三等級から任命するようにし、労務者級に属する市民は役に就けず、民会と民衆裁判所への参加のみ認められた。ソロンの財産級は前四世紀にも存続していたが、実質的な意味を持たなくなっていた。

その一方、市民の間には経済的な区分が存在していた。それは、公共奉仕(レイトゥルギア)を負担し、臨時財産税(エイスフォラ)を払わなければならない人々と、そのような義務を免れた人々である。

公共奉仕は、おおよそ三〜四タラントン以上の財産を有する少数の富裕市民に課される財政負担義務で、大きく分けると祭儀に関するものと艦隊に関するものとがある。前者では、富裕者がポリスの祭儀の費用を負担し、人選にも携わる。合唱隊奉仕(コレギア)が代表例で、富裕者は合唱隊奉仕者(コレゴス)となって、ディオニュソスやアポロンの祭儀で演じられるディテュランボスや悲劇、喜劇の合唱隊(コロス)を人選し、練習する場所やステージの衣裳などを用意しなければならなかった。後者は三段櫂船奉仕(トリエラル

▲毎年春に大ディオニュシア祭が行われたアクロポリス南麓のディオニュソス劇場。富裕者たちがその合唱隊奉仕者に選ばれた。（撮影：竹内）

◀トリポデス通りに設置されたリュシクラテスの合唱隊奉仕者奉納モニュメント。（前335/4年。撮影：竹内）

▶書物を読む女性。（前440～前430年頃。パリ、ルーブル美術館）

キア）と呼ばれ、富裕者が艦隊の一隻を指揮する三段櫂船奉仕者（トリエラルコス）となって、軍船の艤装と修理の費用を負担しなければならなかった。原則では、富裕者自らが船長となって乗り組むことになっていたが、他の人物を雇ってその任にあたらせることもあった。三段櫂船奉仕は市民にのみ課されたが、祭儀に関する公共奉仕は富裕な在留外人も同様に負担した。

公共奉仕は富裕者にとってかなりの経済的負担であった。ポリス・レベルでは、通常の年に少なくとも九八、大パンアテナイア祭の開催される年―四年に一度―には少なくとも一一八の公共奉仕があった。小規模な祭儀の出費は数百ドラクマ程度であったが、三段櫂船奉仕は数千ドラクマないし一タラントンにも及ぶ。それ故、一年間に課される公共奉仕は一つだけで、祭儀に関わる奉仕は二年連続して行うことはなく、三段櫂船奉仕を一度行ったら続く二年間は免除された。しかし、野心的な富裕市民は自ら進んで公共奉仕を務めた。その義務を果たしてポリスに貢献することは、富裕市民にとって大きな名誉であったからだ。とりわけ法廷弁論の中に、これまで果たしてきた公共奉仕を長々と列挙して、自分がいかにアテナイに貢献してきたかを主張する富裕者たちが登場する。その具体例を一つ挙げてみよう。

さて私は、テオポンポスがアルコンであったときに資格審査を受けて見習い兵となり、悲劇の合唱隊奉仕者を務めて三〇ムナを支出し、それから二カ月後のタルゲリア祭において二〇〇〇ドラクマを出資して成年合唱隊を率いて優勝し、さらにグラウキッポスがアルコンの年には大パンアテナイア祭のピュリケ舞踊に八〇〇ドラクマを出資した。また、同じアルコンのもとでディオニュシア祭の成年合唱隊奉仕者を務めて優勝し、鼎の奉納費用も含めて五〇〇〇ドラクマを支出した。そしてディオクレスがアルコンの年には、小パンアテナイア祭において円形合唱隊を率いての支出が三〇〇ドラクマであった。それ以後現在にいたる七年間、私は三段櫂船奉仕を務めて六タラントンを支出した。そしてこれほどの額を出資していながら私は日々諸君のために危険を冒し、それも外地であったのに、やはり臨時財産税は三〇ムナ、四〇〇〇ドラクマと納めてきたのである。

（リュシアス『収賄罪に問われた某市民の弁明』一‐三）

前四世紀の市民数を三万人、総人口を二五万人とするならば、公共奉仕を負担する富裕層は市民男性の約四～五パーセント、アテナイ総人口の一パーセント以下にすぎない。アテナイには市民の財産を評価し、検査するような機関はなかったため、公共奉仕制度は市民の自己申告、および他者による評価に基づいていた。それ故、もし公共奉仕を課されたある市民が、他にそれを負担するに相応しい財産を持っている市民を知っていたならば、その相手を指名して自分の代わりに公共奉仕者となるか、あるいは全財産を自分のものと交換するか、いずれかを求めて訴えることができた。これは財産交換（アンティドシス）訴訟と呼ばれた。

臨時財産税は、必要に応じて民会の決議によって課される直接税で、税率もそのつど民会で決定された。在留外人を含む一定額以上の財産所有者が課税対象者となったため、臨時財産税を課される層は公共奉仕のそれより

▲金と紅玉髄のイヤリング。（前5～前4世紀。ニューヨーク、メトロポリタン美術館）

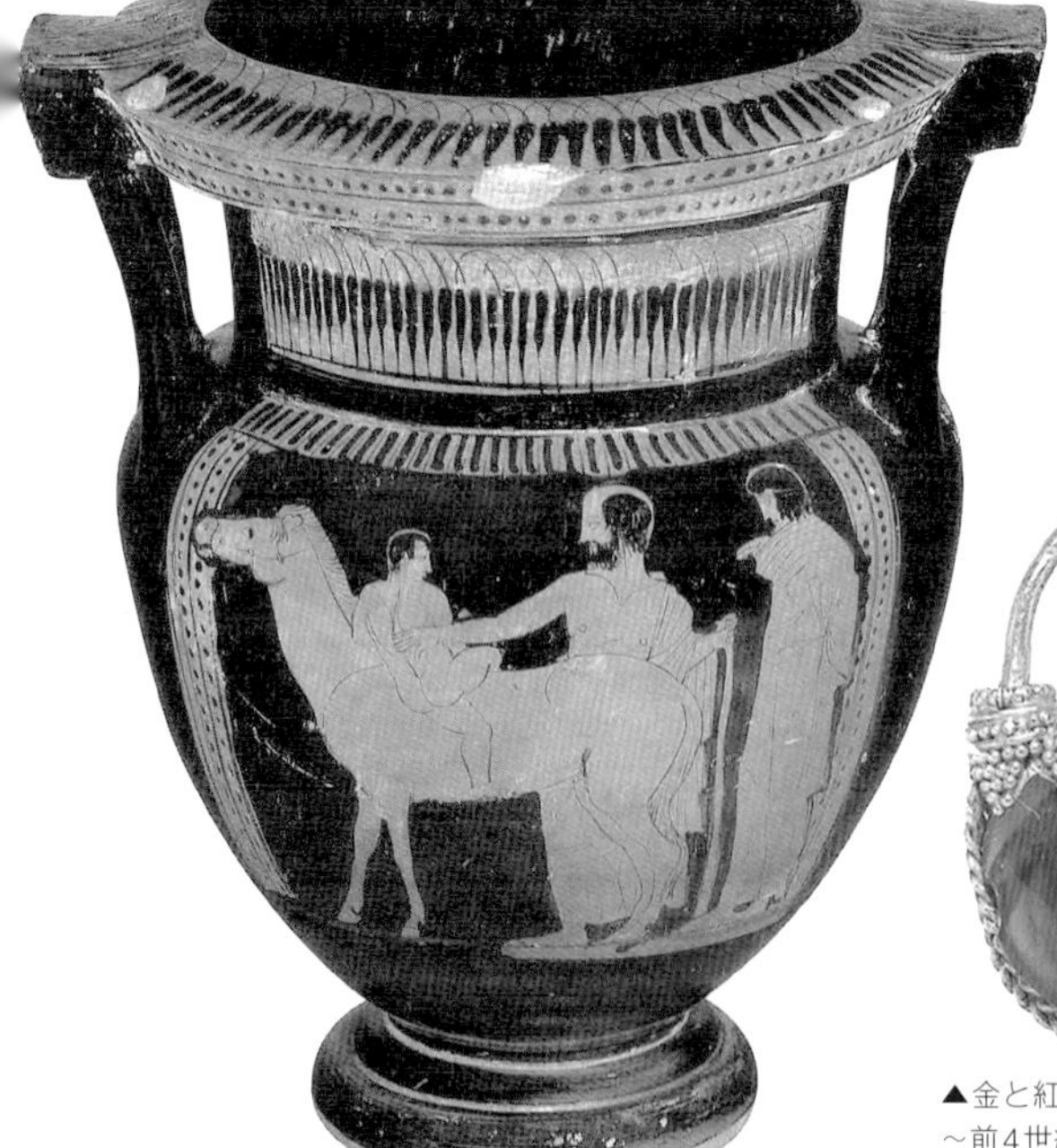

▲馬に乗る訓練を受ける少年。馬は富裕者が所有した。この少年もやがて騎馬レースや騎士として活躍したかもしれない。（前440年頃。ロンドン、大英博物館）

も多かった。前三四六年以降は、毎年一〇タラントンの定期的な税金となった。

古代ギリシアにはどのような富裕者がいたのだろうか。ヘロドトスの『歴史』によれば、コライオスという人物を船主とするサモス人の船が「ヘラクレスの柱」つまりジブラルタル海峡を越え、スペインのタルテソスに至った。「ここは当時はまだ通商地として未開拓であったので、彼らが帰国したときは、積荷によって挙げた収益が、われわれが確実な資料に基づいて知る限りにおいて、かつていかなるギリシア人も挙げたことのない莫大な額に上った」（四・一五二）という。コライオスは収益の一割に当たる六タラントンで青銅の甕《かめ》を造らせ、サモス島のヘラ神殿に奉納した。

アテナイ人の中では、カリアスとその息子ヒポニコス、および同名の孫カリアスが、前五世紀を通じて「ギリシア人中一番の金持ち」として知られていた。カリアスは自身の財産を二〇〇タラントンとも評価していたらしい。ヒポニコスはアッティカ南部のラウレイオン銀山に六〇〇人の奴隷を所有し、一日一人あたり一オボロスで貸し出すことによって、毎日一ムナ（一〇〇ドラクマ）の収入を得ていたという。

パシオンはアテナイの銀行家に買われた奴隷であったが、後に解放されて在留外人身分に編入され、その後独立して銀行業を営んだ（六四頁参照）。数十人の奴隷を使って盾の製作所（エルガステリオン）の経営も行い、遺産として二〇タラントンの土地関係の財産と五〇タラントン以上の貸付金を残したと伝わる。一〇〇〇個の青銅の盾を寄贈し、三段櫂船奉仕者を務めた功績が認められ、おそらく前三七六年頃、パシオンと二人の息子はアテナイ市民権を賦与された。

前四世紀アテナイの政治家・弁論家デモステネスは、刀剣・寝台製作所を経営する裕福な一家のもとに生まれた。同名の父デモステネスは息子に遺産として、その製作所で使われていた五二人の奴隷、象牙・鉱石・木材、染料、住居、家具・宝石、現金、海上貸付（六三頁参照）、銀行預金、他の貸付残高を残し、その総額は一三タラントン四六〇〇ドラクマに上った。そのデモステネスは、政敵アイスキネスとの法廷での直接対決で次のような言葉を残している。

アイスキネスよ、少年時代私は、まともな学校に通うことができた。そして貧窮ゆえの非行をせずに済むだけの蓄えはあった。成人後は育ちにふさわしい暮らしで、合唱隊奉仕、三段櫂船奉仕、臨時財産税負担を

▲アッティカ西岸アイクソネ区の合唱隊奉仕者２名を顕彰する決議碑文。（前340/39年。アテネ碑文博物館。撮影：竹内）

Column_⑨

音楽

エウリピデスの『ヘラクレス』における老人たちの合唱隊が「ムーサイの花冠なくてどうして生きてゆけようか」と歌っているように、ムーシケー・テクネーすなわちムーサイ女神が司る技芸は、詩、歌唱、演奏、舞踏など、英語のミュージックが意味するところよりも幅広い文化活動を含んでいた。その中で音楽は、宗教や祭儀、体育競技や軍事、そして教育など、古代ギリシア人の社会生活に必要不可欠なものであった。子供の誕生や結婚の祝宴、さらには葬儀の場に必ず音楽が伴った。農民が収穫した葡萄を足で踏みつぶして汁を搾り出すときや、女性が各家庭で粉を碾き、機を織るときには歌が歌われた。兵士やアスリートたちは笛の伴奏に合わせて訓練をし、たいていの祭儀では神々に讃歌が捧げられた。

ホメロスの叙事詩は長い間口承によって伝えられ、『オデュッセイア』の中でも盲目の吟遊詩人デモドコスがトロイア戦争の物語の一節を歌い、オデュッセウスが涙する場面が描かれている。デモドコスにはホメロス自身が投影されているともいわれている。前六世紀後半のアテナイ僭主ペイシストラトスはホメロスのテクストを編纂したとされ、彼が奨励したといわれるパンアテナイア祭では竪琴や笛などの音楽競技に加え、全ギリシアをめぐる吟遊詩人によるホメロスの叙事詩の朗唱が行われた。

楽器の使用も古くから確認される。弦楽器にはキタラやハープがあった。管楽器としてはアウロスと呼ばれる笛がたいてい二本一組で吹かれた。他にもシュリンクスやラッパ（サルピンゴス）などが知られる。打楽器には小さなドラムやカスタネット、シンバル、タンバリンのようなものもあった。古代の楽譜もまた、断片的ながら碑文やパピルス文書、陶器画のかたちで今日まで伝わっている。

◀吟遊詩人の口から飛び出すように描かれた詩の冒頭部。「かつてティリンスには」と読める。（前480年頃。ロンドン、大英博物館）

▼ディオニュソス祭神像と踊る女たち。（前480年頃。ベルリン国立博物館）

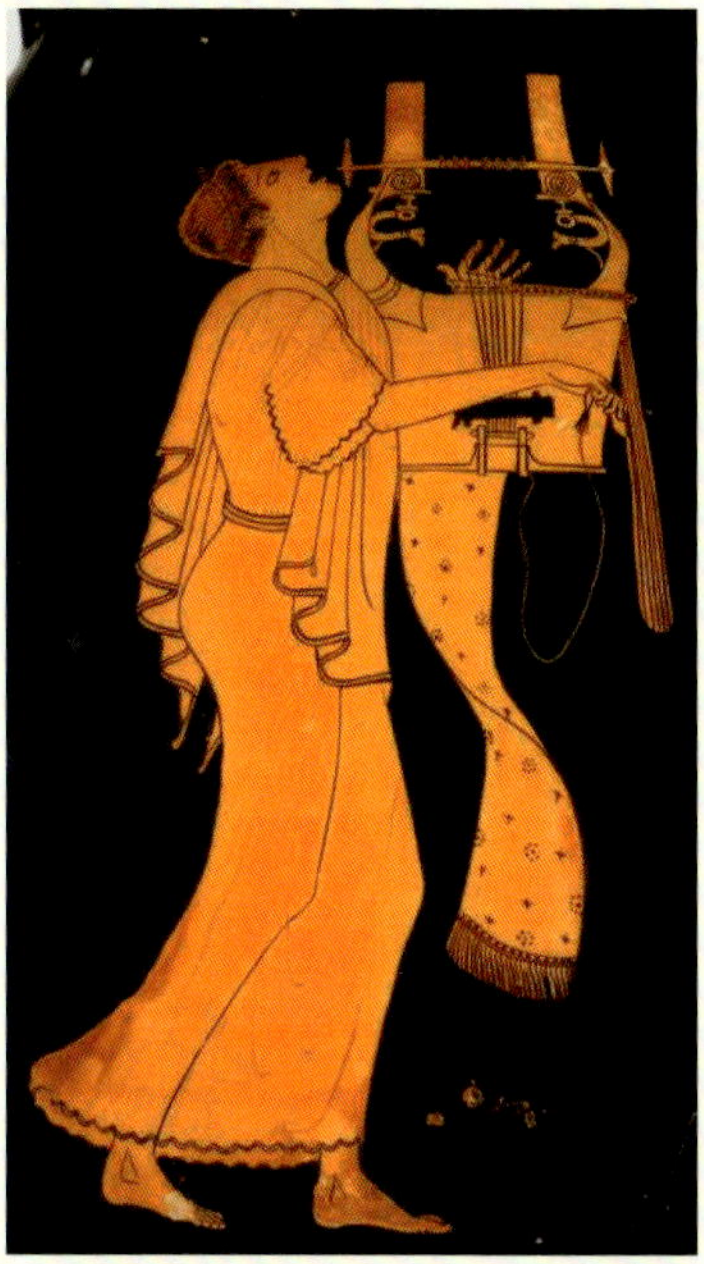

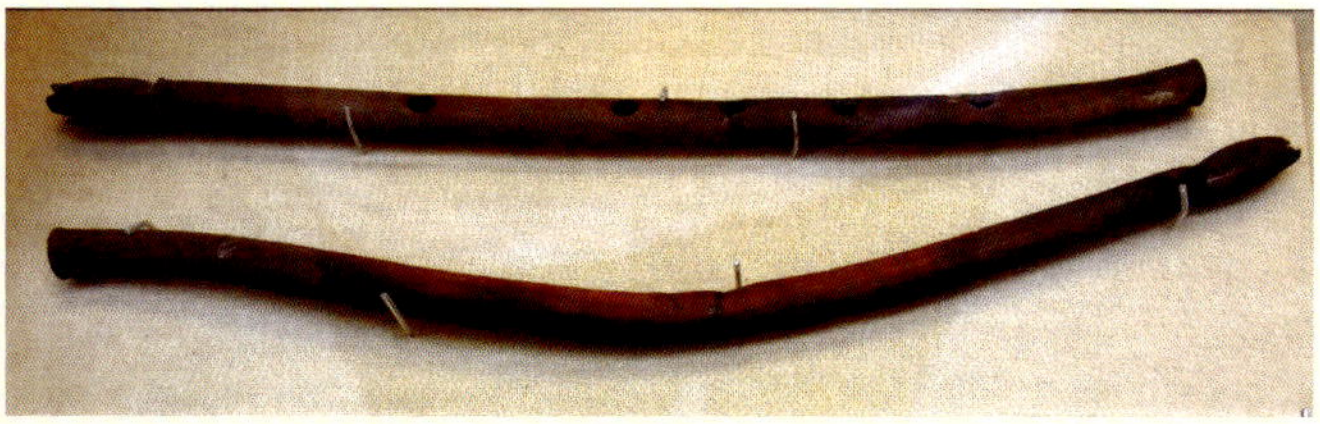

▲アテナイ出土とされる木製アウロス。（前500年頃。ロンドン、大英博物館。撮影：竹内）
◀キタラをもって歌う若者（詩人？）。（前490年頃。ニューヨーク、メトロポリタン美術館）
▶古代ギリシアの楽器。（*Der neue Pauly* 8 (2000) pp. 545-546を加筆修正）

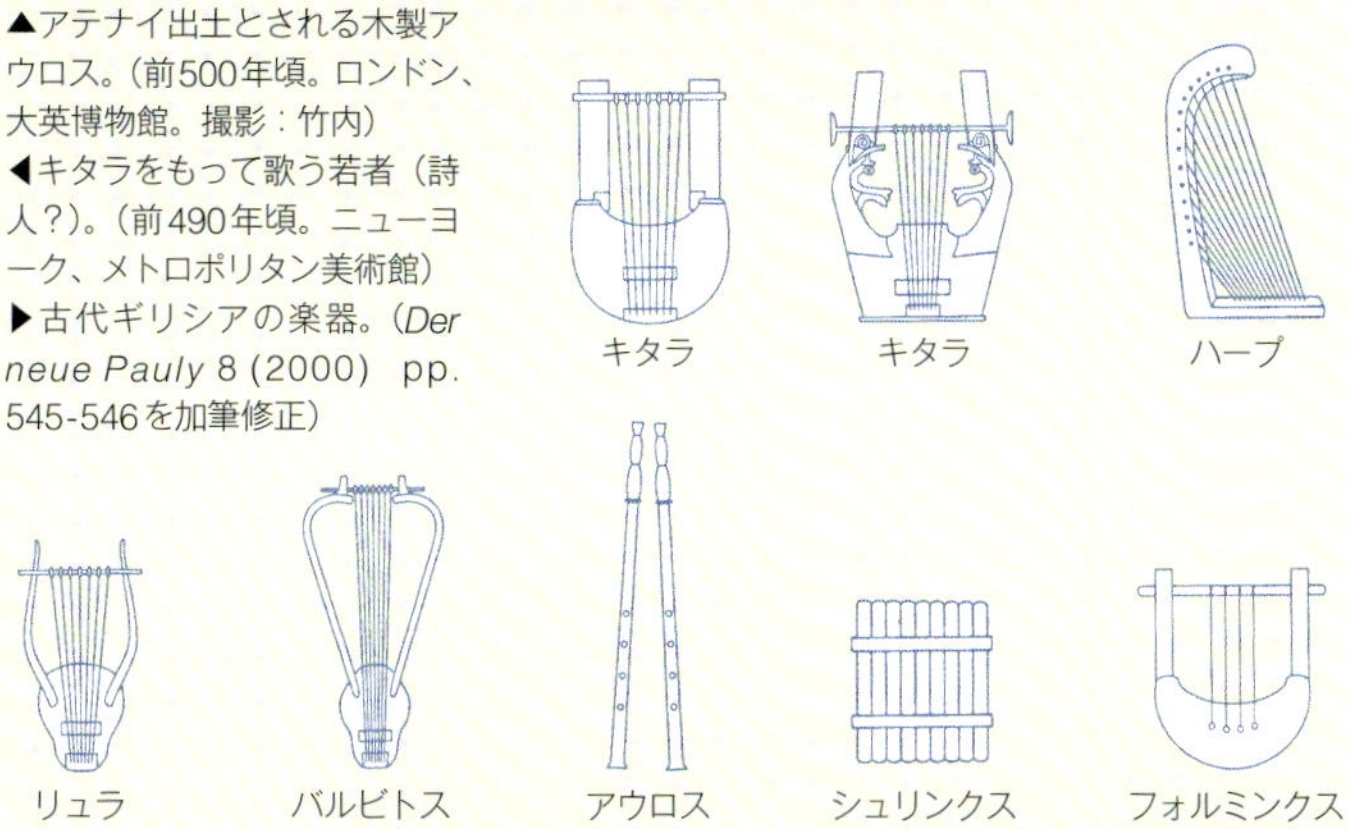

▲2つの楽曲からなるデルフォイのアポロン讃歌碑文。行間に刻まれた記号が楽譜の機能を果たす。（前138～前128年頃。デルフィ考古学博物館。撮影：竹内）

きちんと果たし、公私いずれの場合も名誉の出費で人に遅れを取ったことはなく、国にも友にも有用な人間であり、公共の仕事に携わることを決めてからは、祖国からも他の多くのギリシア諸国からも幾度も授冠の栄を受けるような政治を実践したために、君ら政敵ですら私の政策を凡庸とは言えなかったほどだ。

（デモステネス『冠について』二五七）

前四世紀にはアテナイ市民を顕彰するポリス決議が増加するが、その主たる顕彰理由は富裕者による財政貢献であった。フィロティミアは、文字通りには名誉を愛することを意味するが、公的な貢献としての気前よさを讃える徳目としても用いられ、功労者には冠が授けられたのである。

2 商人

アテナイには、多数の外人が滞在していた。ここで言う外人には、アテナイ以外のポリスに属するギリシア人も含まれる。彼らは、長期滞在（一カ月以上）する場合は、アテナイ市民の保証人を得た上で在留登録しなければならなかった。こうした身分の者たちを在留外人（メトイコス／〔複〕メトイコイ）と言う。彼らは人頭税（メトイキオン）納付の義務を負うほか、一切の参政権を認められないにもかかわらず従軍の義務を負っていた。アテナイでは、原則的に土地の所有は市民身分の者に限られていたから、これら在留外人たちが生業としたのは、農業以外が主たるものとなる。ここでは、その中でも代表的な職業として貿易商と銀行業の二つを取り上げよう。

アテナイがその軍事力を背景に黄金期にあったとき、時の指導者ペリクレスは、市民を前にした演説でこんなことを言っている。「また吾々のポリスは大国であるがゆえに、全地上から万物が輸入されており、吾々にとっては他国の産物よりも自国に生じた作物を収穫して味わう方が身近だということは全然なくなっている。」（トゥキュディデス『歴史』二-三八）さながら、現代のグローバル社会と強者のグローバリズムを感じさせる言葉だが、当時のアテナイのアゴラには、各国の産物が溢れていた様子が窺える。そして、こうした各地からの産物や商品の輸入を担っていたのが、貿易商人たちであった。

主な貿易の品目としては、穀物（大麦・小麦）、材木、オリーブ（オイル）、陶器、銀が挙げられるだろう。最初の二つは、アテナイにとって重要な輸入品であった。

地味の乏しいアテナイでは、主食の穀物の多くを国外からの輸入に依存しており、黒海沿岸部やエジプトが重要な供給源であった。アテナイは、穀物の輸入に関して国家レベルで関心を持ち、多くの外人が従事する貿易商人たちの訴訟を扱う専門の役職ナウトディカイの設置や、前四世紀半ばには貿易関係訴訟ディカイ・エンポリカイを整備するほか、市内と港には穀物監督官を配備して穀物の適正価格の監督などを行っていた。

また、アテナイを支える海軍力を構成する三段櫂船の建造には木材が不可欠だったが、これもまたエーゲ海北岸の森林豊かなトラキアなどから海上ルートで輸入されていた。そ

▲荷を量る商人。（前540～前530年頃。ニューヨーク、メトロポリタン美術館）

の一方で、三番目のオリーブ（オイル）は、輸入依存体質のアテナイにおいて数少ない輸出品目の一つであった。ソロンは、オリーブ油以外の農産物の輸出を禁止したとも言われている。陶器は、オリーブ油やワインを容れる容器としてももちろん使用され輸出もされた。だが、日常生活や神話・伝説の場面を描写して美しく装飾された陶器そのものが、アテナイ特産品として大量に国外に輸出されていた。特にエトルリアは、アテナイ陶器の一大輸出先であった。こうした陶器の多くは、エトルリアの墓所から発掘されており、単なる容器と言うよりも奢侈品として取り入れられた。最後の銀は、アッティカ南部にアテナイが擁するラウレイオン銀山から産出されたものだ。貴金属資源に乏しいギリシア世界において、主要な銀産地の一つであり、採掘された銀は貨幣や地金の形で輸出された。

　海上貿易には、海賊や海難などの大きなリスクが伴ったため、貿易商人たちは、「海上貸付」という形で貿易の資金を調達することが多かった。これは、船舶や船荷を担保に貸付けを受けるもので、無事に貿易が成功した暁には、元本の二～三割の利子を加えて返済する必要があったが、もし荷を積んだ商船が難破などした場合には、借り手は返済義務を免れた。また、これに加え、エクドシスという形式もあった。これは、出資者が貨幣ないし現物を商人に委託して商品を購入・輸入させ、それを売却する売上から商人に手数料を支払う（ないし、売上を分配する）ものだった。海上貸付よりも、エクドシスの方が出資者の利益は大きかったとされる。

　このように大きなリスクを伴う海上貿易では、貿易商人たちは時として訴訟沙汰に巻きこまれることもあった。彼らは、商売上のリスクを回避するため仲間

▲前4世紀末頃の古代商船の復元モデル。（P. Valavanis, *Games and Sanctuaries, in Ancient Greece*, LA., 2004 より）
◀アテネのアゴラから発掘された様々なアンフォラ。
▼海賊（右）に追われる商船（左）。（前510年頃。ロンドン、大英博物館）

同士でコイノスと呼ばれる互助会的な組合を組織してこれらのリスクに対応していたようだ。

こうした海上貿易の発展に関わって重要だったのが銀行家の存在だった。アルカイック期には海上の交易ルールも発達し、ギリシア世界でも前六世紀頃から貨幣が使用され出す。貨幣はさまざまな遠隔地域との交易の促進に一役買っただろうが、その一方で、各地で発行される貨幣はさまざまであり、その不便さを解消するための両替商が登場する。やがて、両替商は利子付きで貸付けを行うようになり、銀行家となっていった。海上貿易の発展に加え、アテナイがデロス同盟の盟主として海上支配を強めつつ貢租納入などさまざまな面で貨幣流通が進んでいったことを背景に前五世紀後半には、アテナイに銀行業が登場した。彼らは、預けられた金を元手に貸付けを行った。こうした銀行の利用者には諸外国の要人などもおり、金額も莫大な額に及ぶこともあった。当然、取引においては信用が何よりも大事であったし、時としてトラブルに発展することもあった。次の弁論の一節からは、そうした銀行業における預託の慣習を見て取ることができる。

すべての銀行家が行っていることですが、だれかある人が現金を預けてそれをほかの者に支払うよう指示したときには、まずはじめに預金者の名前とその金額を記入し、つぎに『何某に支払うべし』と書き加えます。支払われるべき人物の顔を知っている場合には、それだけを行って、自分たちが支払うべき人物の名前を記入しますが、もしも知らない場合には、預金を受け取るべき人物を指し示して紹介するであろう人の名を書き添えます。

（デモステネス第五二番・四）

▲アテナイの銀幣。片面に女神アテナ。反対側に、アテナを象徴するフクロウとAthenaiの最初の3文字、ΑΘΕの刻印。（前5～前2世紀のもの。アテネ、古代アゴラ博物館）

幸いなことに、裁判記録の史料である法廷弁論数篇を通じて銀行業に従事したパシオンとその後を継いだフォルミオン二代に亘る銀行家の活動の様子に加え、この一家の相続に絡んだ銀行家の実像をかなり具体的に窺い知ることができる。パシオンはもともと奴隷身分であった。市民身分の銀行家の主人に幼い頃から銀行家としての基本的知識を叩き込まれた彼は、主人の右腕として職務を全うした後、主人によって奴隷身分から解放される。元奴隷の自由人（いささか紛らわしいが「解放奴隷」という）は、メトイコイ身分に編入されたが、彼は銀行家としてその後に大成して莫大な富を築き、同時にアテナイ国家に金銭面で多大な寄与をした。そのため、メトイコイ身分としては例外的に市民権を授与された。彼がまた自らと同じように奴隷身分から銀行家として育て上げたのがフォルミオンという人物であった。彼もまた、パシオンの右腕として銀行業を支え、パシオンの遺言によって奴隷身分から解放されたことに加え、遺されたパシオンの妻を遺言によって娶っている。しかし、パシオンには、生前に妻との間にもうけたアポロドロスという息子がいた。

Column_⑩

街道・旅行

古代ギリシアの人々はどれくらい旅行をしたのだろうか、またその目的は？　神託伺いやパンヘレニックな祭典への参加や見物、あるいは、病気やけがの治癒祈願に有名な癒しの神格の聖所に参詣するため、そして、時として外国への使節、あるいは軍事遠征として。それらが主な国外へ出る機会だっただろう。近年では、宗教上の理由で国外の聖地に赴く活動を、古代ギリシア世界における「巡礼」とする見方もある。ソクラテスは、足や目の不自由な障害者よりも、外国に物見遊山に出る機会がなく、外国へ出たといえば、二度の軍事遠征くらいのものだと言われているから、一般の人にも国外へ赴く機会は意外とあったのかもしれない。

その手段としては、陸路と海路が考えられる。遠隔地へ赴く場合、まず海路で可能な限り目的地の傍に赴いてから陸路が使用されたであろう。ただ、冬の間は海が荒れるため船旅はできなかった。陸路については、ギリシアにも主要な都市を結ぶ幾つかの街道が存在していた。スキステ街道の三叉路は、かのオイディプスが、往来で出くわした馬車に乗る老人を、自分の実の父親とはつゆ知らず、どちらが道を譲るかでもめた挙句に打ち殺してしまった場所として有名だ。オールシーズン利用可能であっただろうが、快適であったようには思えない。

移動の手段としてはまず徒歩が一般的なものとならざるを得なかった。街道そのものが舗装もなく整備されておらず、また、この時代に蹄鉄の知識はなかったので馬の利用も適していなかった。「すべての道はローマに通ず」で有名なローマに

▲アテナイ領（色の濃い部分）を通って域外へ通ずる街道。ただし国境線は時期により変動した。（S. Fachard and D. Pirisino, Route out of Attica, in M. M. Miles (ed.), *Autopsy in Athens*, Oxford and Philadelphia, 2015, p.140 に基づき作図）

比べ、ギリシア世界では街道があまり発達しなかった。その理由として、ローマの場合はそもそも軍道として街道が整備されていったこと、そして都市国家から拡張し領域国家へ変貌を遂げた過程で首都ローマと周辺都市や属州とを結ぶ動脈として街道が不可欠となったことに留意しておきたい。個々独立した都市国家が点在するポリス世界にあって、ポリス間を結ぶ街道は、良くも悪くもローマほどに必要性がなかった。

こうした条件に加え、治安の問題もあった。伝説上の英雄テセウスは、生まれ育ったトロイゼンから父のいるアテナイへ向かう旅の途上、街道に棲む残忍な追剥ぎ・盗賊の類をことごとく退治した。脚色されたフィクションではあるが、ある程度史実を踏まえたもので、一人旅が安全な状況ではなかったことを示唆していよう。事実、四年に一度開催されるオリュンピア祭をはじめとする全ギリシア的な祭典に際しては、「神聖休戦」（エケケイリア／スポンダイ）を告げる使者が事前に開催国から各地へ派遣された。これは、ポリス間の抗争が慢性化していたギリシア世界にあって、各地から蝟集する参加者や観客の旅路の安全を保障するために必要な措置であった。

最後に街道に無関心と思われるギリシア世界にあって、特筆すべき存在として「船の道」ディオルコスを挙げておこう。コリントス湾とサロン湾に挟まれたコリントス地峡を横断する舗装された船架で、前六〇〇年頃に建造され、コリントス運河が建設される一九世紀まで使用されていた。

▲発掘されたエレウシスへのヒエラ・ホドス（聖道）の一部。右手奥は石棺。（撮影：齋藤）

▲フュレーへの道（S. Fachard and D. Pirisino, Route out of Attica, in M. M. Miles (ed.), *Autopsy in Athens*, Oxford and Philadelphia, 2015, pp. 139-153 より）

▶上　ディオルコス。滑車付きの船架に船を載せてこの道を対岸まで曳いて渡した。（Wikimedia Commons, photo: Dan Diffendale）

▶下　ピュクシスと呼ばれる小物入れに描かれた「パリスの審判」。左手がヘルメス、右手が牧人のパリス。クラミュスと呼ばれる丈の短いマントと幅広帽ペタソスにブーツ。典型的な旅装束をしている。（前465～前460年頃。ニューヨーク、メトロポリタン美術館）

▼アテナイ中心とエレウシスの神域を結ぶ「聖道」ヒエラ・ホドス。およそ20キロほど。（J. Travlos, *Bildlexikon zur Topographie des antiken Attika*, Tübingen, 1988, p.181 をもとに加筆・補正）

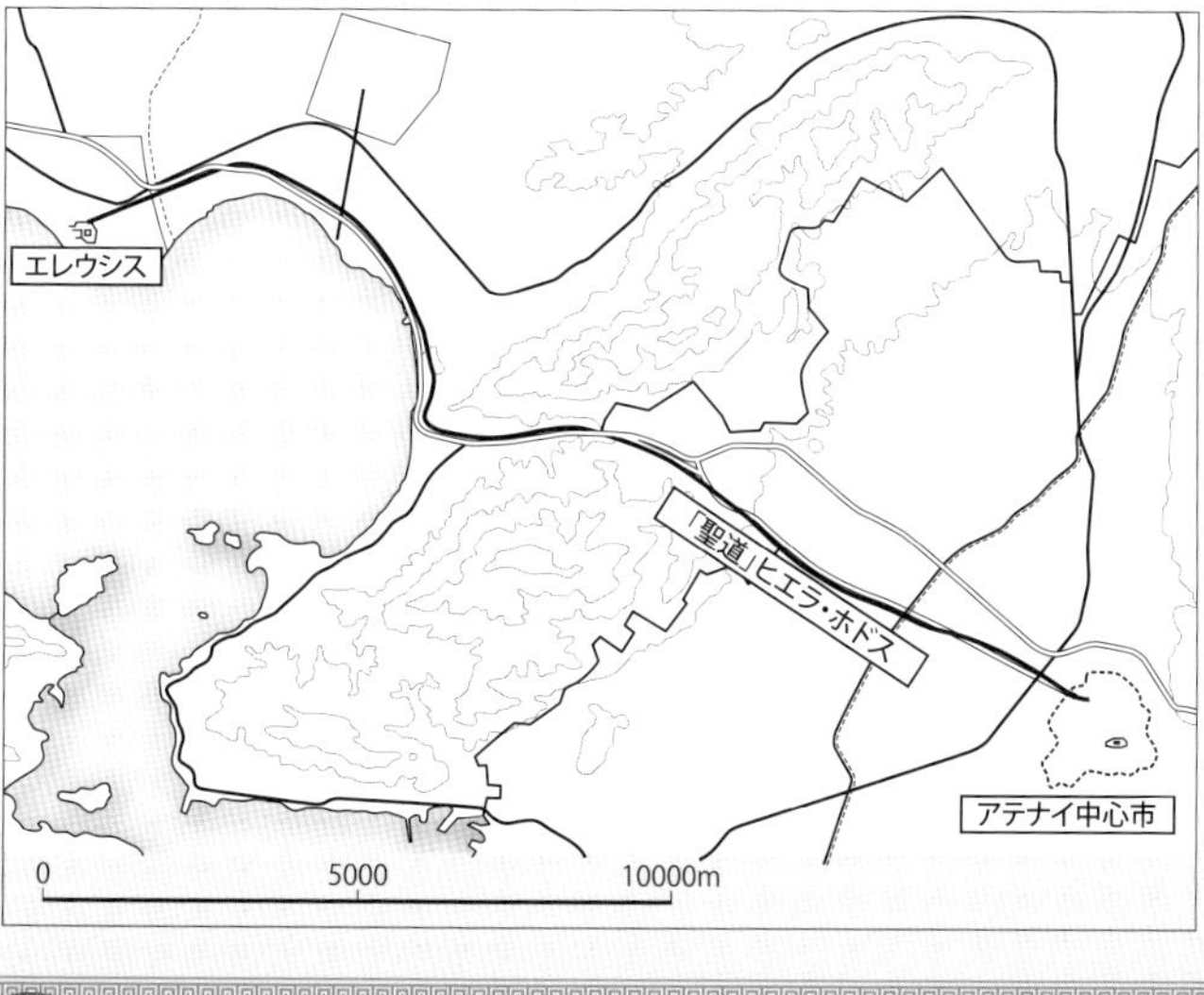

アポロドロスからしてみれば、自分の母が、元奴隷身分の使用人の妻となるということであり、子供の頃に父とともに市民資格を与えられ、市民として成長した彼の心境は複雑なものであったに違いない。

3 小商人と職人

たいていの店はアゴラにあって、肉や魚、小麦にワイン、野菜、ソーセージ、奴隷、陶器、香料、靴などさまざまなものが売られ、床屋や洗濯屋もあり、定期的にチーズ市が立ったりもした。同じ類の商品を扱う店は、同じ区画にまとまっていたらしい。市民たちは、お気に入りの店に通ってそこで談話を楽しんだりもした。一部の店は、特定の仲間や集団のたまり場ともなっていたようだ。

また、店舗といっても露店や行商といったさまざまな形態の店が存在したはずだ。ある喜劇の一節では、田舎から街に出てきた農夫が故郷のデーモス（区）を思い起こしつつ、アゴラの物売りに戸惑い、嘆く。

私のデーモスがかつて「炭を買ってくれ」と言ったためしはない。「酢を買ってくれ」も「オリーブ油を買ってくれ」も知らなかった。何でも自分で調達していたから、「買ってくれ君《プリオン》」はいなかった。

（アリストファネス『アカルナイの人々』三四〜三六行）

▲魚屋と客。魚屋が捌いているのはマグロだろうか。右手の男は、手持ちの貨幣を掌に乗せて、悩ましげな様子だ。（前4世紀。シチリア、チェファルー、マンドラリスカ博物館）

ノスタルジックに理想的な農村の姿を描こうとするこの喜劇の一節を、当時の社会そのままと捉えるのは危ういところがあるが、日用雑貨、食料品がアゴラで売られていた一方、田園部では、そこまで貨幣経済が浸透していなかった様子が窺える。

(1) 魚屋

ギリシアといえばエーゲ海や地中海、海産物の豊かさは想像に難くない（一一一頁参照）。沢山の種類の魚介類をギリシア人が食べていたことが窺えるが、市場にいつも豊富に新鮮な魚が並んでいたわけではない。冷蔵技術もない時代、生ものの扱いは難しかったはずで、どうも魚屋の中には、鮮度の落ちた魚を活きよく見せるために、並べた魚に水をかけたり（禁止されていたが抜け道を使った）して、値段をふっかける者もいたようだ。そういう意味で魚屋は「活きがよい」というか、柄が悪いことで評判だったらしい（これについては、アテナイオスの六巻に書かれている）。

それでも、あるいはそれだからこそ、魚は贅沢品であった。

> もし誰かが、鰯《いわし》は要らぬ、鱸《すずき》が買いたいと言えば、たちまち近くの鰯売りが、「この男は独裁政治のために、おかずを買うらしい」と言う。
>
> （アリストファネス『蜂』四九三〜四九五行）

この一節からは、羊であれ豚であれ一頭を仲間と分け合って食べる供犠肉と違い、基本的に一人で一匹を食べる魚は、その「独占」から、政治的に「反民主的」と（冗談交じりでも）見なされた様子が窺える。

(2) 香水商

「エジプト人」アテノゲネス（アテナイ生まれの意）という人物は香水商として三代目で、アゴラに三つの香水店を所有していたとされる。そこに勤める奴隷少年の身請けを欲したある市民が、彼から店子の奴隷三人をセットにして購入することを求められた。香水商に関心はなかったものの、少年への愛欲（三八頁参照）ゆえに条件に応じたが、契約後にその奴隷たちの名義で莫大な負債が付けられていたことを知って、契約無効を訴えて争う裁判が伝わっている（ヒュペレイデス第三番弁論）。一筋縄ではいかない商売の裏の世界も垣間見られるようで興味深い。

(3) 靴屋

ディオニュシオスという人が半神カリステファノスに捧げた奉納碑には、おそらく靴職人である彼の工房がレリーフで描かれている。五人の男たちが椅子に座り、壁には何足かの靴が掛けられている。また、床では子供が座り何か作業している。ただ、工房で働く奴隷だろう。靴は革製であった。おそらく、我々が考えている以上にギリシア人は裸足で歩くこともあったようだ。ソクラテスは真冬でも

▲棒に巻き付けた肉を運ぶ男たち。（前400年頃の陶器画からPiet de Jongによる水彩画。在アテネ・アメリカ古典学研究所）

▼靴屋で靴をしつらえている少年。（前500～前470年頃。オクスフォード、アシュモレアン博物館）

裸足だったと言われるが、『ファイドロス』篇では、彼の友人ファイドロスも今日はたまたま裸足だと言い、二人で川に足を浸しながら涼んでいたりしている。

(4) 陶工・石工

アテナイは陶器製作が盛んで、さまざまな用途に陶器は使用された。また精巧に絵付けをされた陶器は一種の奢侈品として一大輸出品目ともなっていた。幾つかの工房が存在し、その出来を競ってもいたらしい。陶器製作の工房が集中した一角としてアテナイのディピュロン門一帯の地区があり、そこは文字通りケラメイコス kerameikos と呼ばれ「陶器」ceramic の名残りを伝えている。陶工と陶器画家は同一人物であることもあり、エウフロニオスやエウテュミデス、エクセキアスなど何人かは添えられた銘よりその本名が伝わっている。

また、石像やブロンズ像の製作も盛んに行われた。前五世紀後半、黄金期のアテナイでペリクレスの主導下に行われたパルテノン神殿建造をはじめとする公共事業では、多くの建築技師や石工が働いていた。その製作指揮を取ったとされるのが巨匠フェイディアスで、パルテノン神殿に納められた金と象牙のアテナ・パルテノス像のほか、オリュンピアのゼウス神殿に納められたゼウス祭神像は、座像ながら一二メートルの高さを誇り、世界七不思議の一つにも数えられている。

(5) その他の工房

弁論家・政治家として有名なデモステネスの父親は、刀剣と寝台の製作工房を所有していた。優れた製作技術を備えた刀剣職人奴隷の値段は、五～六ムナ（五〇〇～六〇〇ドラクマ）であったと見積もられている。現代の貨幣価値に換算するのは難しいが、数百万と言える額にはなろう。

(6) 花屋・野菜売り

上記の商売・職業のほか、アゴラでは女性たちが花や野菜を売ったりもしていたようだ。ただ、これらの言及は

▲陶土を掘り出す作業。（前6世紀。コリントス）

▼陶器の製作工房の様子。中央の女神アテナたちが、陶工に祝福の加冠をしようとしている。（前490～前480年頃。ヴィチェンツァ、インテーザ銀行コレクション）

喜劇の中でであり、揶揄したい市民身分の人物の母親を対象として中傷を目的としている。もっぱら非市民（在留外人・奴隷）の従事する仕事と見なされていたのだろう。そもそも、女性が外で働くということ自体、市民身分の女性に相応しいこととは見なされていなかった。

⑺ 娼婦・ヘタイラ

非市民の女性が従事する職業として、もう一つ重要なカテゴリーがあった。

▲▼銅像工房の様子。（前490年〜前480年頃。ベルリン国立博物館）

◀鍛冶屋の様子。（前500〜前490年頃。ボストン美術館）

▶パルテノン神殿の前身「古パルテノン」建造の様子。
（M. Korres, *The Stones of the Parthenon*, Athens, 2000 より）

Column_⑪

度量衡・貨幣

長さについては、手の指を意味するダクテュロスや足の大きさを意味するプースなどがあり、容積については、クースやメディムノス、重さや貨幣単位については、ドラクマ、ムナ、タラントンといった単位が使用されていた

既に前五〇〇年頃には、商取引の公正さを保証するために役所には、容積や重さの基準器が置かれていた。これら度量衡の単位は、たとえ同じ名称でもポリスごとに誤差があったが、前五世紀にアテナイがデロス同盟の支配を進める過程で、同盟諸市に度量衡・貨幣をアテナイのものに併せて統一するよう求めたことが碑文から確認されている。

貴金属貨は、リュディアで前六〇〇年頃に天然の琥珀金（エレクトロン）を用いて作られたのが最初とされている。ギリシア本土では、前六世紀半ば頃のアイギナが嚆矢とされ、各ポリスは、その都市のシンボルを刻んで貨幣を発行していた。アテナイでは主に銀貨が発行され、片面には守護神アテナ女神、裏面にはアテナ女神を象徴するフクロウとアテナイを示すギリシア語冒頭の三文字ΑΘΕが刻まれていた。この意匠は現在、ギリシャ共和国が発行している一ユーロ貨にも引き継がれている。

商業都市として繁栄していたアテナイには外国から多くの商人が訪れ、さまざまな貨幣を用いて取引が行われていた。そうした中には、混ぜ物をした質の悪い貨幣が使用されることもあった。アテナイでは、こうした粗悪な貨幣の流入、使用を防止するために港に貨幣検査官をおいて、取引に使用される貨幣の検閲を行ったことが前四世紀初頭の決議碑文より分かっている。

度量衡、貨幣は公的に統制され、民会手当を始めとして公的な場で貨幣の使用が普及していったことが窺えるが、他方で、私的なやりとりにおいては依然として物々交換も存続していたに違いない。

古代の貨幣の価値を現代の通貨に換算することは、なかなか難しい。前五、四世紀に熟達した技術者や傭兵の日当は、一ドラクマだったし、前四世紀の民会手当も同額だった。この一ドラクマという額は、四、五人からなる一家族がとりあえず、一日ないし二日生活できる程度だったとされる。また、少額の貨幣はかなり小さくなるが、一般の市民はこれを口に入れて持ち歩く習慣があった。

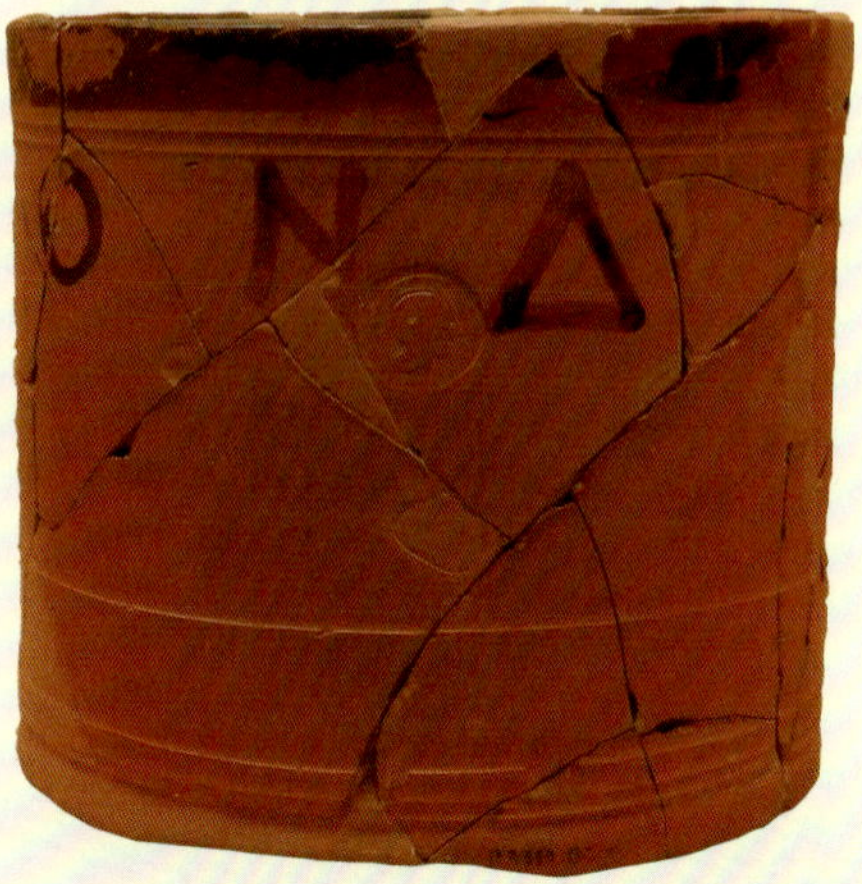

▲ギリシャ共和国発行の1ユーロ貨。（撮影：竹内）
◀液体の公式容量器。（前5世紀。アテネ、古代アゴラ博物館）
▼アテナイの公的乾量器。（前350～前330年頃。アテネ、古代アゴラ博物館。撮影：齋藤）

tetradeachms

drachms　tetrobol　triobol　obol

▲前5～前3世紀までのアテナイの銀貨。上段、4ドラクマ貨。下段、左から1ドラクマ貨、4オボロス貨、3オボロス貨、1オボロス貨。（在アテネ・アメリカ古典学研究所）

▲アイギナの銀貨。（前479～前456年頃。アテネ、古代アゴラ博物館）

▼アテナイの公式重量基準器セット。一番大きなものが1スタテール（795グラム）、真ん中が4分の1、一番小さいものが6分の1の重量。それぞれ上面に目印として、骨サイコロ、盾、亀が浮彫りされている。（前500年頃。アテネ、古代アゴラ博物館）

長さ	1プース 295.7ミリ	×1/16=	1ダクテュロス					
		×600=	1スタディオン（177.4メートル）					
面積	1プレトロン 1/10ヘクタール弱	=	100プース平方					
容量		共通						
	キュアトス 0.0456リットル	×6=	1コテュレ	×4=	1コイニクス	×48=	1メディムノス ≒52リットル	固形物
		×12=	1クセステース	×6=	1クース	×12=	1アンフォレウス ≒40リットル	液状物
貨幣	ドラクマ	×1/6=	1オボロス	×36000=	1タラントン			
		×2=	1スタテル	×3000=				
		×100=	1ムナ	×60=				
		×6000=						
	エウボイア・アッティカ単位	備考						
	4.36グラム	ソロン当時の制度から僭主政期に重量基準が軽量化する。表は、後期のもの。						
	アイギナ単位（※参考）							
	6.30グラム							

▲度量衡表（アッティカ単位）。（村川堅太郎編『プルタルコス英雄伝』下〔筑摩書房、1987年〕収録の「度量衡表」を参考に作成）

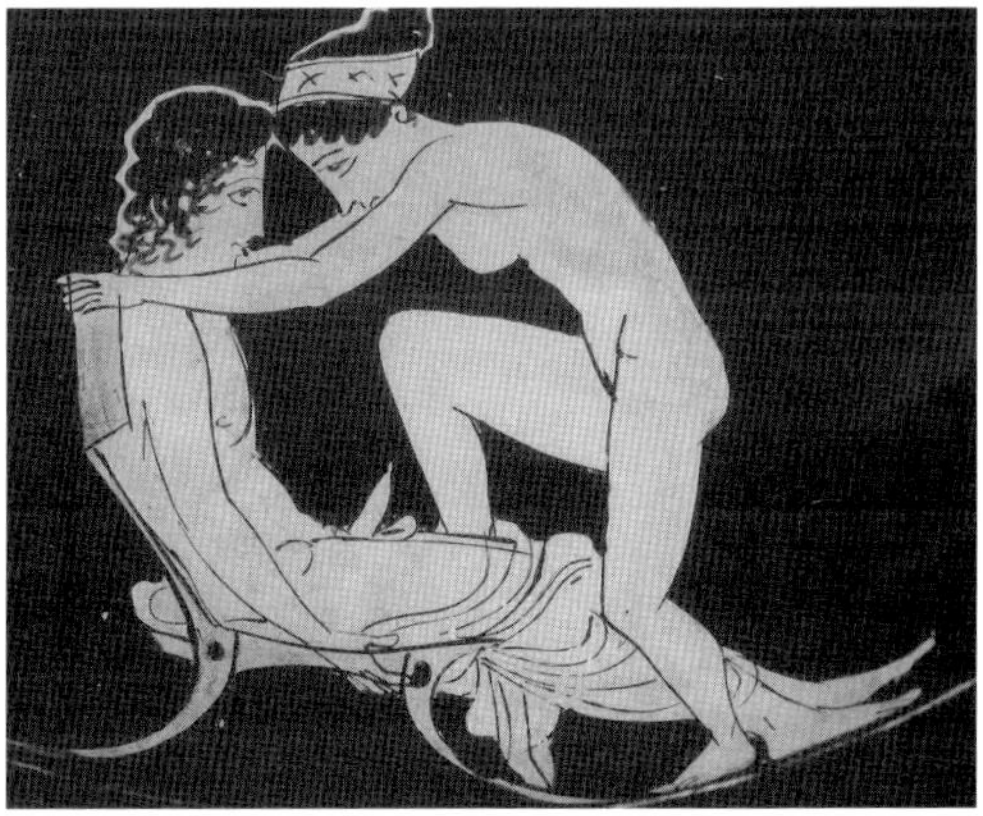

▲青年に性の手ほどきをする娼婦。(前430年頃。ベルリン国立博物館)

それは、男性相手の仕事である。シュンポシオンと呼ばれる男性だけの酒宴が、しばしば私邸で友人を招いて行われたが、家には専用の部屋「男部屋」アンドロンがあり、客は招かれた家の女性たちと顔を合わせることなく宴席に出入りできるようになっていた。招待した主人の妻も客に挨拶することは決してなく、女性が人前にむやみに姿をさらすことは極力避けられていた。そうした中で宴席に加わったのが、男性を相手とする職業の女性たち、笛吹き女や娼婦たちだった。当然、彼女たちは市民身分ではなく、非市民や奴隷だった。

娼婦には二つのカテゴリーが存在した。体を売り物にする一般娼婦(ポルネー)と高級娼婦「ヘタイラ」だ。ヘタイラとは、単なる売春行為をするだけでなく、容姿に優れ、技芸を身に付け酒宴で男性の話し相手ともなる知識・教養を備えていた娼婦たちのことを指す。彼女たちは一般の娼婦よりも高額で、顧客と専属的に長期契約をしていた。日本のかつての花魁《おいらん》に近いかもしれない。伝デモステネス第五九番弁論『ネアイラ弾劾』からは、市民身分の被告と結婚生活を送っていたヘタイラのネアイラという女性の生涯を垣間見ることができ興味深い(八八頁参照)。また、その裸体の美しさで陪審員たる市民たちを感激させ、奴隷身分から解放されたフリュネというヘタイラの存在も伝わる(史実かどうかは疑わしいが)。その他にも、アテナイオス第一三巻には娼婦列伝としてヘタイラに関する数々の逸話が収められている。

4 農民

前四世紀後半のアテナイの見習い兵による誓いを刻んだ石碑には、宣誓の証人として、神々と並んで「祖国の境界、小麦、大麦、葡萄の木、オリーブの木、イチジクの木」が含まれている。つまり、少年たちはアッティカの土地とその主要な農作物を守り抜く市民・兵士となることを誓ったのである(第2章第3節「成人」の項参照)。

アテナイの歴史家トゥキュディデスは、前五世紀後半においてなお、アテナイ市民の多くが中心市ではなくアッティカの領域部に居住していたことを伝える。前四三一年に、スパルタ人の王アルキダモス率いるペロポネソス軍がアッティカに侵入し、アカルナイ区に陣営を設置して農地を荒らし続けたが、それを目の当たりにしたアテナイ市民の動揺は計り知れなかった。

農地が眼前で荒らされるのを若者たちは見たことがなく、また年配の者でもペルシア戦争中を除いては、その経験がなかったから、恐るべき光景に見え、すべての人々、とりわけ若者たちは座視せずに出撃すべきだと考えたのである。…そしてアカルナイ区民は、アテナイ人の大きな部分が自分たちの地区に住んでいるのだと思っており、その自分たちの土地が荒らされているのだから、とりわけ強硬に出撃を主張した。
(トゥキュディデス『歴史』二・二一・二〜三)

前四二五年にアリストファネスの喜劇『アカルナイの人々』が上演されたとき、人々の記憶はいまだ薄らいでいなかったであろう。合唱隊が、アカルナイ区民の心情を次のように代弁する。

私の敵に対する憎しみに満ちた戦いが/

私の田畑がゆえにいや増すことはあっても、／私の方からやめてしまうことはない、／この私が、敵の体に苦痛を与える鋭《とが》く尖った／槍となり〈また杭となり〉、柄《つか》が当たるまで深々と／突き刺さって復讐を遂げるまでは、／もう二度とやつらが私のブドウ畑を／踏み荒らすことのないように。

（アリストファネス『アカルナイの人々』二二六～二三二）

そもそも、アテナイでは農民が市民人口の多くを構成していた。それゆえ、民会の大多数を農民が占めていたことになる。土地の所有は原則的に市民に限られたから、市民の多くが土地を所有し、農業を主たる生業としていた。しかし、ギリシア語には英語のfarmerに完全に一致する語はなく、ギリシア語のgeorgosは、土地所有者であれ農場労働者であれ、「土地を耕す人」を意味した。そのため「農民」には、富裕者や貧乏人、市民や非市民、奴隷または自由人も含まれていた。例えば、アリストテレスは『政治学』において「同じ人が重装歩兵であると同時に、農作に携わるのはよくあることである」（一二九一a三〇）と述べており、農民が重装歩兵軍の屋台骨であったことを窺わせる。また、アリストファネスは『女の議会』で、主人公プラクサゴラの口を借りて「「艦隊を出航させるべきである」、これに貧乏人は賛成するが、金持ちと農民は賛成しない」（一九八）と言っており、富裕者と農民が相反する存在ではなかったことを示唆する。

大多数の農民は二または三エーカーほどの土地を持ち、ごく少数の富裕者が数百エーカーもの土地を所有したとされる。大土地を所有したアテナイ市民としては、前三二〇年頃のデモステネスの法廷弁論で被告となったコロナイ区のファイニポスが有名である。ファイニポスはアッティカ内陸部のキュテロス区に一続きの「辺鄙な農場（エスカティア）」を所有し、その周囲の長さは四〇スタディオン、すなわち約七・四キロメートルに及んだという。ここから、その農場の規模はおおよそ七〇〇～一〇〇〇エーカーと見積もられている。この裁判が行われた年、ファイニポスの農場では大麦一〇〇〇メディムノイ（約三三トン）以上、葡萄酒八〇〇メトレタイ（約三万一〇〇〇リットル）、さらに大量の薪が生産されていたという。木材に関しても、一年中、六頭のロバによって農場から運び出され、日に一二ドラクマ以上の収益を挙げていたとされる。また、この農場は馬のための牧草も供給していたらしい。法廷弁論という性格からここに挙げられた数字が誇張だとしても、裁判員はファイニポスの農場が大規模であったとの印象を持っただろう。

では、古代ギリシアにおける農民の実状はどのようなものであっただろうか。史料は必ずしも豊富とは言えないが、前七〇〇年頃に

▲前4世紀頃、アッティカ南西部ヴァリの農場復元図。（ロンドン、大英博物館。パネル撮影：竹内）

ボイオティア地方のアスクラで活動したヘシオドスが手がかりとなる。彼は、その叙事詩『仕事と日』において、教訓的な話に加えて農作業や日々の生活に関してさまざまなことを記している。

オリオンとセイリオスとが中天に達し、
指薔薇色の曙がアルクトゥロスを見出す時、
ペルセスよ、葡萄の房を残らず摘み取って、
家に運べ。一〇日と一〇夜、陽に当てて、
五日間、蔭に入れ、六日目に陽気なディオ
ニュソスの賜物を、甕に汲み入れよ。
（ヘシオドス『仕事と日』六〇九・六一四）

このような場面は、葡萄酒の神ディオニュソスの取り巻きであるサテュロスが葡萄を収穫し、足で踏みつぶし、汁を甕《かめ》に詰める様子を描いた陶器画からもうかがうことができる。

農民は、馬やロバ、牛、羊や山羊、そして豚を飼育した。馬は社会的エリートたちの生活様式の一部でもあった。ロバやラバは荷を運ぶのに役立ち、ラバは土地の耕作にも用いられた。牛は主に土地を耕し、荷物を運んだ。また牛は犠牲獣としても殺され、公的な祭儀で消費される大量の肉を提供した。牛乳は羊や山羊のミルクと比べて、古代ギリシアでは一般的ではなかった。羊は主に羊毛のために飼育され、その毛は衣服の重要な素材となった。例えば、アリストファネスは『雲』において「あの女と一緒になったときは、仕込み

▲オリーブの収穫。（前510年頃。ベルリン国立博物館）
▼葡萄を収穫し、汁を搾り、甕に詰める半人半獣のサテュロスたち。（前530年頃。ビュルツブルク、マーティン・フォン・ワーグナー博物館）

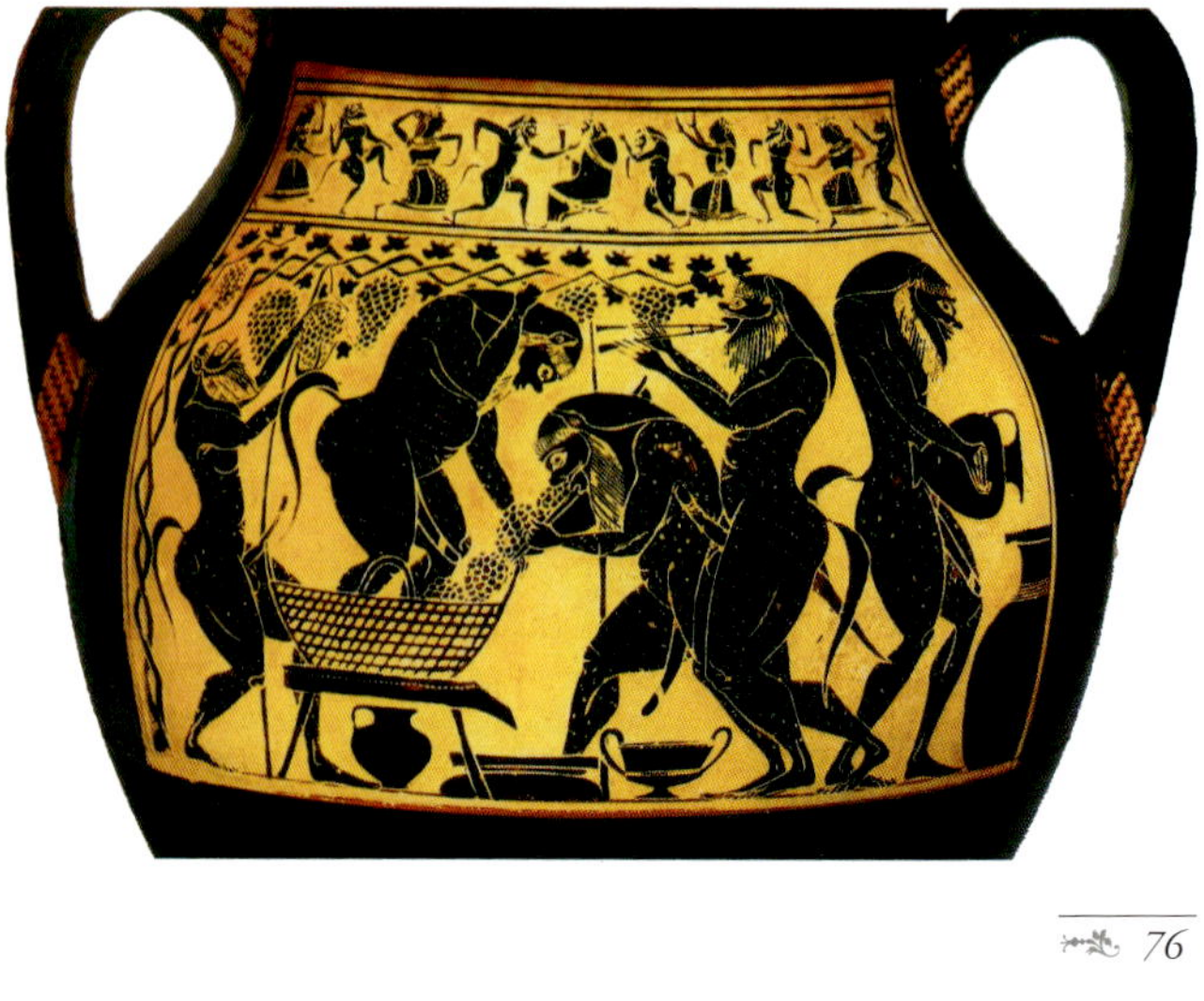

▲今日の山羊の放牧の様子。アッティカ北西辺境部エレウテライの要塞にて。（撮影：竹内）

▼オデュッセウスと豚飼いエウマイオス。（前470～前460年頃。ケンブリッジ、フィッツウィリアム美術館 ©Fitzwilliam Museum）

中のワインの滓《おり》、イチジクの天日干し、羊の毛やなにやらのにおいをさせての床入りだったな。だがあいつときたら、香油とサフランの香りで一杯。熱いキッス、荒い金遣い、食い意地、コリアス岬やゲネテュリスの女神で頭がいっぱいだ。なにもあいつが仕事をしないわけではない、反対に糸を筬《おさ》できつくたたいて織ったものさ」（四九～五四行）と農民の生活の様子を描いている。羊と山羊も犠牲獣として祭祀に用いられた。

子羊や子山羊も食生活に欠かせなかったが、それらの若い動物は区などのポリスの下部組織においてしばしば犠牲に捧げられ、豚と同様に私的な祭儀においても犠牲獣とされた。こうした動物のフンが肥料として使われていたことはホメロスに見え、クセノフォンも『オイコノミコス』の中で農業における肥料の重要性を強調している。

　農民たちは、収穫した農作物や農産物を交換するために市場に売りに行った（第3節「小商人と職人」の項参照）。プルタルコスによれば、アテナイの政治家ペリクレスは一年分のあらゆる種類の収穫物をまとめて売ってお金を作り、その金で生活に必要なものを一点一点市場から買い求めていたという。

　クセノフォンの『オイコノミコス』は、ア

テナイ社会の上層に位置する市民の視点から、オイコノミア*oikonomia*すなわち「家政」の文脈における農業を論じている。

土地は気前よく実りを与えてくれるが、人びとが働かずにそれを手にすることを許さず、冬の寒さや夏の暑さに耐えることに慣れさせようとする。そして、土地は自らの手で耕作に従事する人びとを鍛えて、彼らに体力を付けさせる一方、監督によって土地を耕す人びとを男らしく朝早く起こし、精力的に働くよう仕向けるのである。というのも、地方にいても中心市にいても、急を要することは常に決まったときに起こるのだから。さらに、もしある者が騎兵としてポリスを守りたいのならば、農業は馬を養うのに最適であり、もし歩兵としてポリスを守りたいのならば、農業はその体に活力を与えてくれる。また、土地は狩猟の際にも人びとの意欲を掻き立て、犬たちには容易に食事にありつかせるし、同時に獲物も養うことになるのだ。

（クセノフォン『オイコノミコス』五・四〜五）

この一節からは、農業を主体として生活する人々の土地に対する思いや、農民として生きることの自覚、そして市民としての行動指

▲穀物の女神デメテルとその娘ペルセフォネ。（前5世紀初め。エレウシス考古学博物館。撮影：竹内）

▼小麦の穂がモチーフのアテネ農業大学のフェンス。（撮影：竹内）

針や、兵士としてポリスを守るべきというアテナイ人の社会規範を読み取ることができる。

5 兵士

ポリスに兵士という階層はなかった。市民は全員戦士となってポリスを防衛する義務があったのであり、全員が重装歩兵なり騎兵なりになって戦うのが原則であった。したがって、兵士という階層はなかったが、全員が兵士となって戦う可能性があった。それがどのような経験であったかをここでは見よう。

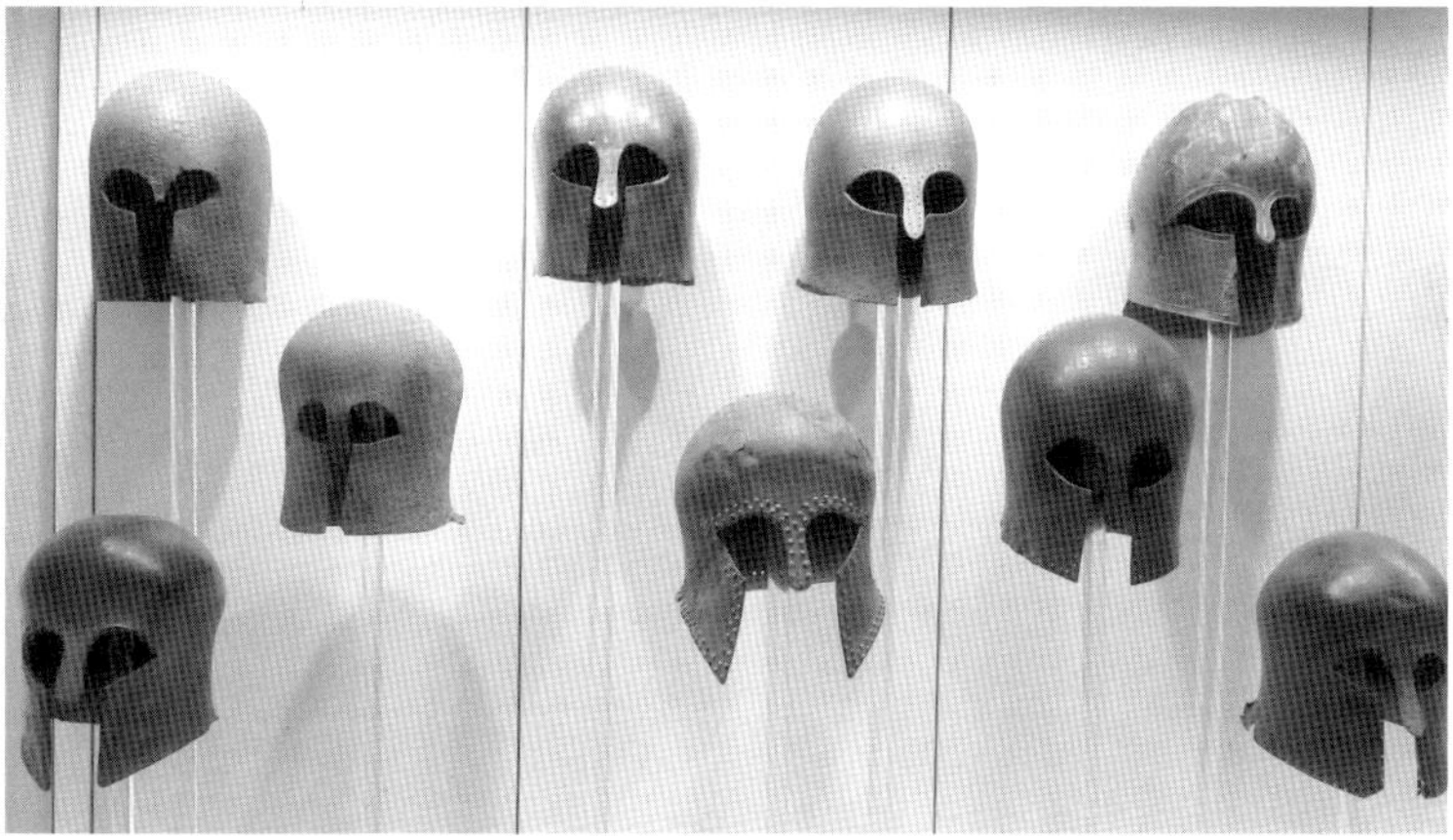
▲青銅製の兜。コリントス式兜。（オリュンピア、考古学博物館。撮影：高畠）

始まりは、民会での戦争や遠征の承認である。どれくらいの兵をどこに派遣するかといったことも、そのとき決められよう。最高責任者である将軍は、必要な兵を集めなければならない。重装兵担当の将軍は一人、その下に各部族一人ずつ一〇人の歩兵隊長（タクシアルコイ）がいる。歩兵隊長は部族の歩兵隊を組織し、何人かの中隊長（ロカゴイ）を任命しなければならない。どういうやり方をしたのか、しかとは分からないが、区にある市民名簿を利用するのが便利だったろう―区が市民を認定し、登録する主体だった―。歩兵隊長と（任命予定の）中隊長および区長は協力して、いろいろな事情を考慮して従軍者を決めていく。武具は各人が自費で用意するのが原則であったから、重装兵になるには必要な武具を用意できる財力が必要だった。そのため、重装兵であることは市民として一つのステータスであった。従軍者を決める際、志願者から選んでいくとして、最後に財力がなく貧弱な武装しかできない者を排除したのか、それとも数が足りなくて武装できそうな者をかり集めたのかは、そのときの状況によって異なったであろう。また、部族隊の中では区ごとにまとまることになったと思われる。彼らにとって戦争は、同じ区に暮らす小さい頃からの顔なじみに囲まれて戦うものだった。

騎兵については、騎兵長官（ヒッパルコイ）二名が民会で選ばれていた。彼らは五部族ずつ担当し、同様に従軍者を集める必要があった。ただ、馬を養えるのはかなりの富裕者であり、鞍《くら》も鐙《あぶみ》もない状態で騎乗して戦うにはそれなりに訓練が必要である。そのため、騎兵名簿が騎兵登録官によって作られ、つねに更新されていた。騎兵は一千名で、それに伴う軽装兵も選ばれていた。彼らにはポリスから補助金が出ており、従軍者の選出はそれほど難しいことではなかったろう。一方、軍船である三段櫂船については一人の将軍が担当した。彼は三段櫂船奉仕者（トリエラルコイ）を選定する。奉仕者は割り当てられた一隻の三段櫂船の艤装・修理を行い、乗組員を集めて船長として戦地に赴く。乗組員には国家から給金が出たが、より有能な乗組員を集めるにはそれに上乗せして金を支払う必要があった。この負担は大きく、二人で一隻、さらには集団で維持する体制へと負担の軽減が図られた。しかし、これに選定された富裕者にはこの奉仕を嫌って、もっとふさわしい、自分より多くの財産を持つ富裕者がいると訴える者もいた。その者と財産をすっかり交換するなら奉仕するが、そうでなければその者が奉

▲重装兵。左側の男性は重装武具を着用しようとしている。左足を挙げて脛当てを付けようとしている。下には盾と羽根飾りを3つ付けた兜が見える。左側の老人は槍を持ち右側女性は剣をもっている。家族が兵の準備を見守っている。右側には真ん中に白い髪と髭の老人がおり、2人の重装兵が後ろに控えている。老人は白い胸当ての重装兵に対しており、重装兵は左に槍と盾を持ち、右手にフィアレという注酒用の皿を持っている。戦いを控えて家族と別れの儀式を行おうとしている。（前540年。パリ、国立図書館勲章展示室）

▲騎兵。3人の武装した騎兵が描かれている。それぞれ2本の槍を持ち、3人目は盾を後ろに担いでいる。犬が従っているのは狩猟を思わせるが、おそらく行列行進をしているところと考えられる。（前520年。パリ、ルーブル美術館）

◀キージの壺。この絵をもってファランクスの成立を確証できると考えられていたが、詳細な検討がそれを覆した。兵たちは槍を投げようとしており、両軍の間には距離があることが推測される。さらに左側の兵士たちの足をよく見るとあるのは4人分でなく5人分の足であり、これは1つの列の現実的表現ではなく人々の集団の図式的表現とみるべきである、等々。（前7世紀後半。ローマ、ヴィラ・ジュリア博物館）

▼キージの壺の展開図。ここから分かるのは第2列に描かれている兵が走っていることであり、第1列との間には距離があること、彼らが密集隊を形成していたわけではないことが想定される。また、ラッパ吹きも最大限に笛を吹いており、これは兵を集めているとみるのが相応しい。（N.ルイス作画。パリ、国立図書館勲章展示室）

▲出立の場面。武装を整えた男が注酒の儀をするために女性から酒を注いでもらっている。女性は母、妻、姉妹のいずれか。右に立つ老人は父親であろう。さらに犬がかたわらにいる。（ミュンヘン、州立古代博物館）

▼重装兵の戦いの様子。左側の兵からは盾の裏側が見える。（前540年）

▼攻城戦の様子。城壁に攻め寄せた兵を城壁の上から攻撃している。やがて攻城戦は攻撃側も防衛側も技術的革新が進み、さまざまな道具が使われるようになった。（前500年頃。J. ポール・ゲティ美術館）

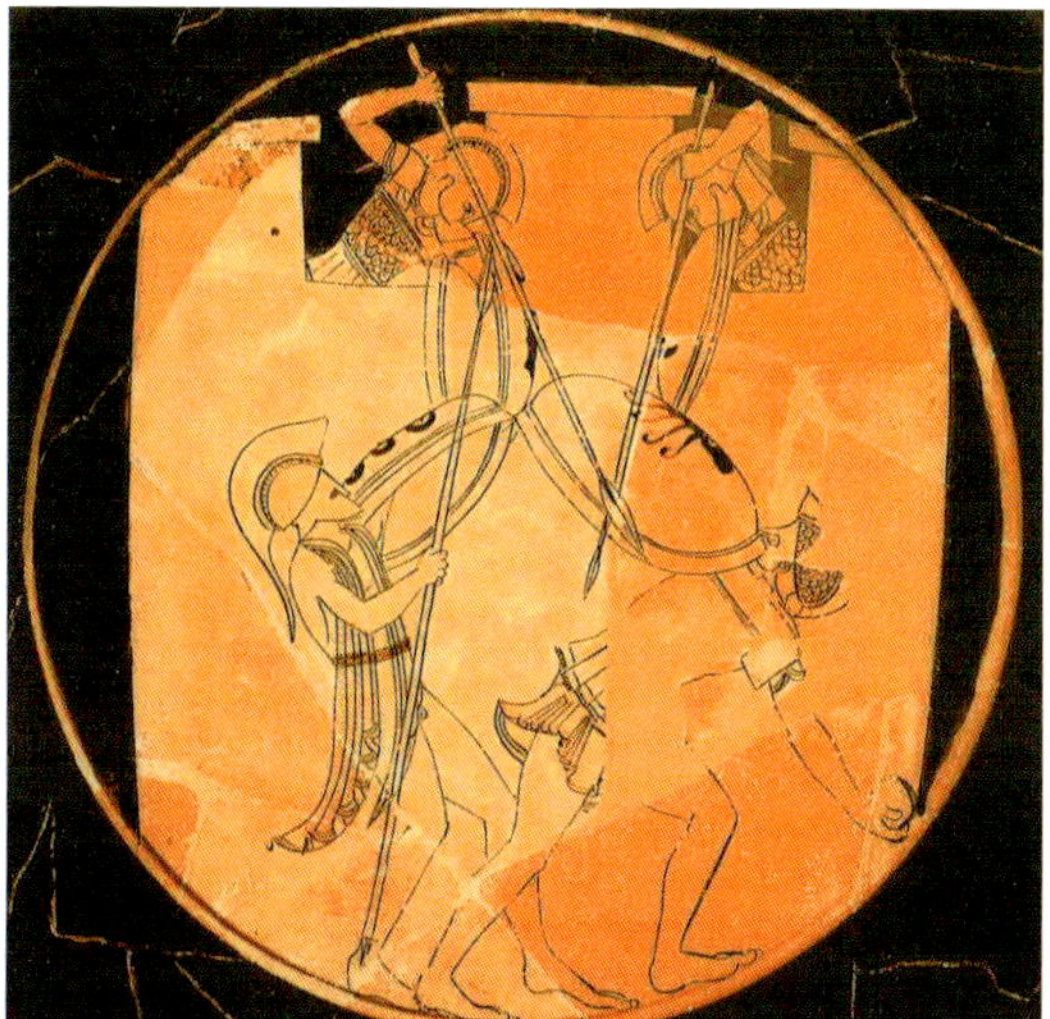

仕すべきだと訴えることができたのである。そうした財産交換（アンティドシス）訴訟の面倒を見るのも担当の将軍であった（五八頁参照）。

いくらかの紆余曲折はあったにせよ、ともかく従軍者が決まり、戦争が始まるが、それはどのような経験だったのだろうか。まず、前五世紀初めと終わりとでは戦争の性質が変わっていることを押さえておく必要がある。ペルシア戦争のころは、一回の戦闘で戦争の帰趨は決まってしまう傾向があった。マラトンの戦いでペルシア軍の進行は止まったし、サラミスの海戦、プラタイアの戦いもそうした役割を果たした。ギリシア内の戦争もそうした傾向があったと考えられている。しかし、ペロポネソス戦争の頃になると、戦争自体に時間がかかるようになった。一つのポリスを包囲して疲弊を待つ攻城戦が行われるようになり、陥落までに長ければ二年を要した。攻城のためにはポリスの城壁の周りに包囲壁を築くのが一般で、そのための工具や資材を運んだり、どこかで調達したりする必要があった。また食糧の調達、吉兆を占う犠牲獣（羊）—占いは戦争に欠かせなかった—を集める必要もあった。さらに前四世紀の半ば以降には攻城戦の技術が進展したが、そのための兵器を持ち込むことも必要だった。陸路を取る場合、必要なものを運ぶ長い隊列を組んで、通れない道路の補修などをしながら進んだ。海路を取る場合、軍船である三段櫂船のいくつかを兵員輸送船に仕立てて重装歩兵を運び、その他の輸送船を仕立てることもあった。これらの船は沿岸を進み、夜は停泊して休み、食糧を近くのポリスや村で調達した。目的地に着くと陣営地をつくり、そこから出撃した。

では、戦場とはどのような体験だったのだろうか。重装兵の重装武具は完全装備した場合、低く見積もっても一五〜二五キログラムであり、場合によっては三〇キログラムに達したとされる。そうしたものを身に着け、密集隊を作る。戦闘歌（パイアン）を歌いながらリズムを取って進み、敵に近づいたところで速度を速めた。横にどれくらいの幅を開くかいくらか議論があるが九〇センチメートル程度で、状況に応じて狭くなったり広くなったりした。一方、縦列は八人で組むのが普通で、これが戦いの基本単位で、一列目が戦うのを二列目以下が後ろから支え、倒れると順次後ろの者が前の者に代わった。最初槍を使って盾の隙を狙って相手を突こうとし、その後には剣を使って、最後には素手や歯を使ってまで戦うこととなった。戦死者は、ある試算によれば、勝者側で五パーセント程度で一〇パーセントを超えることはないとされ、敗者側で一四パーセント程度で二〇パーセントを越えることはないとされている。

一方、海戦は三段櫂船同士の戦いとなる。三段櫂船には通常二〇〇人が乗り組む。漕ぎ手が一七〇人で、復元船の場合、下段と中段に左右二七人ずつ五四人、上段に三一人ずつ六二人が配された。その他に搭乗戦闘員として重装兵が一〇人、弓兵が四人、さらにラッパ吹き、大工、号令をかける者などが乗る。船長となるのは装備の費用を負担した富裕者であるが、実質的に操船の責任者となるのは操舵手である。戦闘態勢に入ると、移動のときに用いた帆をたたみ、舷側上段の開いた空間に幕を下ろして、漕ぎ手の姿を隠す。最初、船をぶつけて相手船に密着したうえ重装兵が乗り移って戦う手法がとられたようだが、アテナイは操船技術を磨き、素早い動きを駆使して敵船の櫂を破壊したり、沈没させたりする戦法を編み出した。そのため、訓練が必要となり、うまく行った場合、一隻の乗組員の間には

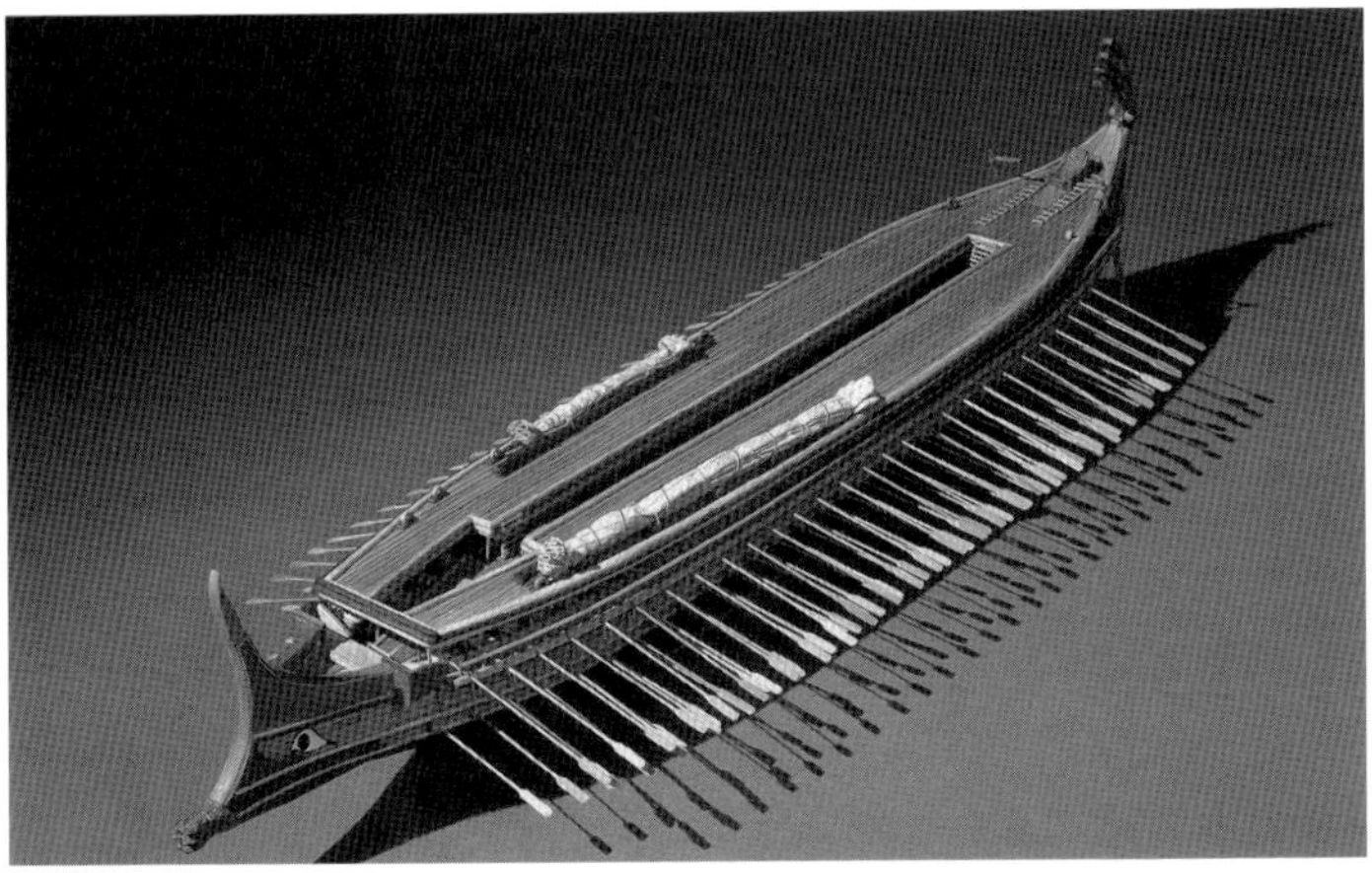

▲三段櫂船復元モデル。三段櫂船を完全な形で復元しようとの考えは1981年に始まったという。さまざまな試行錯誤を経た末、1987年にそれは完成した。（The American School of Classical Studies at Athens　http://agathe.gr/democracy/the_athenian_navy.html より）

◀搭乗戦闘員の墓碑。憂い顔の若者が三段櫂船の舳先に座っている。彼のかぶとと盾が横に置かれている。名前がデモクレイデスであることが下に彫られた文字から分かる。（前380年頃。アテネ、国立考古学博物館。撮影：齋藤）

▼三段櫂船復元船オリュンピアス号。47トン。全長36.8メートル、幅5.45メートル。喫水線上は、32.2×3.62メートル。通常は帆を併用して航行するが、戦闘においては櫂のみで操船した。（L.Casson, *Ships and Seafaring in Ancient Times*, London, 1994, Colour Plate VIII より）

Column_⑫

重装歩兵と盾

　重装歩兵をギリシア語で「ホプリテス」と言うが、それは盾を表す「ホプロン」という言葉から作られた、と考えられていた。そのため、盾は重装歩兵を象徴する、なくてはならない武具とされていた。しかし、それは根拠のないことだと最近言われるようになっている。「ホプロン」は盾ではなく武具全般を言う言葉で、したがって「ホプリテス」は「武装した人間」を言うにすぎないというのである。この語が前五世紀後半以降、重武装した歩兵を表す語として現れたのは確かであるが、何らかの武器と関係していたのではなかった。また、「ファランクス」という古くからある語が、同じく前五世紀後半以降、この兵たちの「密集隊」を意味して使われるようになるが、この戦法がいつ確立したかはまだはっきりしないところがある。

　さて、その盾であるが、戦場でそれを失うことが大きな恥辱であったことを見れば、重装兵にとって重要な武具であったことは間違いない。現在エトルリア人の墓から出土したものなどから構造と作り方が推測されている。盾の中核部分となるのは長さ二〇～三〇センチメートルの木の厚板（図の１）で、いくつかを膠《にかわ》で接着させた後、旋盤で全体を凹みのある円形にする。使われる木はポプラやヤナギであった。縁を四・五センチメートルほど突き出させ、そこに木片を貼っていって補強する（２）。ついで革を内側の厚板に合わせて縫い合わせて形を整えた上貼っていく（３）。その後表側に〇・五ミリ

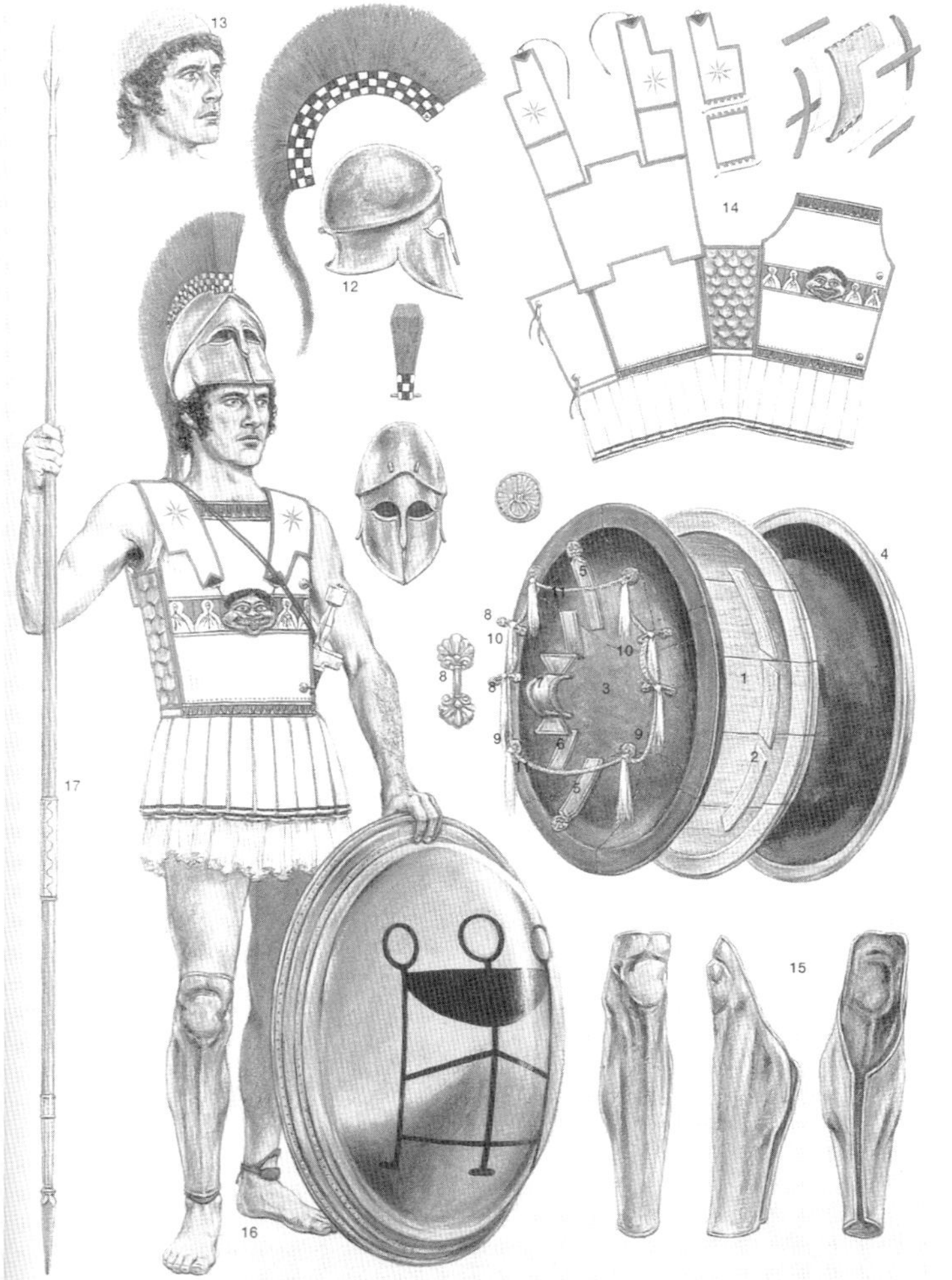

▲重装歩兵の武具。本文に出ないものを説明しておこう。12 コリントス式兜。裏地がなくかぶりにくかったようでしばしば頭の上に挙げられていた。13 帽子。多くの場合フェルト製。兜の下にかぶったりした。14 通常鎧は4つの部分からなる。腹側、背中側と両側で、それぞれは身体の輪郭に合うように作られ、各部分は筒状のヒンジで留められた。15 脛当ては前500年頃より作られ始めた。16 脛当てにも裏地がないため、脛当て止めを着用して擦れないようにした。17 槍は重装兵の重要な武器。(© Osprey Publishing)

メートル厚の青銅シートをピッチで貼る（4）。皺や重なりなどが残らないよう注意しながら、縁で四センチメートルほど折り返す。最後に内部に取っ手などをつける（5-10）。中央に腕を通すための金属製の取っ手をつけ（7）、両側の縁に持ち手をつける（8）。使用者は取っ手に腕を通して持ち手を持つことになる。その他にいくつかの取っ手をつけ、バンドや紐をつけ、持つときの助けとする。盾の大体の重さは六・二キログラムくらいだったと考えられる。これで槍や刀の突きは凌ぐことができるが、弓や投げ槍は防ぎきれないこともあったらしい。

▲盾の内側。描かれている主題はよく分からない。馬に乗っている東方風の人物はアマゾンの女王と考えられる。兜の下に帽子をかぶって戦っているのはテセウス。彼の持つ盾の内側が描かれている。（前450年頃。ニューヨーク、メトロポリタン美術館）。81頁の図「重装兵の戦いの様子」も参照。
▼武具。（アテネ、国立考古学博物館。撮影：齋藤）

連帯感が培われたと思われる。それは生死をかけた戦いを通して強まったことだろう。漕ぎ手となったのは、市民の最下層に当たる労務者級（テーテス）の者やメトイコイ、奴隷であったが、彼らの間にそうした連帯感が生まれる可能性があったこと、市民の間のつながりは民会での活動にも影響を及ぼし得ただろうことは、アテナイ社会を考えるうえで重要である。

6 奴隷、虐げられた人たち

現代の目で見れば、古典期アテナイが相当の差別社会であったことは確かである。奴隷は物言う道具であって人権など認められなかったし、外人はあくまで外人で異分子として差別された。市民同士でも喜劇や法廷弁論では、今なら即禁止されてしまいそうな侮蔑語や卑猥語で相手を嘲罵している。語られる場から考えてそれを聞く者は陽気に笑い合ったに違いない。しかし、人を優劣の視点で眺め差別をすることはどの社会でもあり得よう。古代ギリシアに特有のことは、奴隷が存在し、奴隷と自由人との区別の意味が大きかったこと、ポリスの小ささから外人との接触が避けがたかったこと、市民の間に細かな身分の区別がなかったことに求められよう。以下、具体的に見て行こう。

(1) 奴隷の存在

奴隷については数の把握が難しい。奴隷人口についても全人口の一五パーセント程度という者から四〇パーセント程度という者まで、また奴隷の所有についても市民のほとんどが三人の奴隷を持つという者から、半分以上は奴隷を持っていなかったという者まで、さまざまに推測が散らばる。しかし、一致していることは、奴隷の存在が深く社会に根をおろしていたということである。アテナイ市民にとって奴隷は家庭の中に入り込んだ身近な存在であり、先にも触れたが、「主人と奴隷」は「父と子供」「夫と妻」と共に家を形成する人間関係であった。奴隷を子供のように叱り打擲することはできたが、ひどくすると逃げる恐れがあった。特に戦争中はその機会が多くなり、アリストファネスの『雲』（前四二三年）で主人公は「奴隷を懲らしめることもできやしない」と戦争を呪っている。また嫌われれば、思い通りに働いてくれない恐れもあった。そのため、飴と鞭を巧みに使い分けることが奴隷を扱うには必要となる。市民として生きるとは、そうした能力を習

▲奴隷の打擲。サンダルを振り上げ、逃げる奴隷の少年をたたこうとしている図と考えられる。奴隷と主人の関係は、子供と親との関係と同様、さまざまな形があり得ただろう。（前500～前490年頃。ベルリン国立博物館）
▼主人を介抱する奴隷。嘔吐する者の頭を押さえてやるのが介抱の仕方だったようである。（前490年頃。ベルリン国立博物館）

得することでもあった。

奴隷のほとんどは、ギリシア周辺社会からやって来た者であった。ギリシア人である奴隷も、ポリスを壊滅した際に住民を奴隷に売る例が多く知られているから、存在したに違いないが、史料からは確認できない。あるいは現実には奴隷とすることがなかったのかもしれない。前四世紀のアテナイで奴隷は市民と外見では区別できなかった。しかし、しゃべる言葉はおそらくアテナイの方言と異なり、携わる仕事は市民の忌避する仕事だった。奴隷が大量に使われたのは鉱山で、足枷をされ一日中掘削したり、岩を砕いたり、過酷な労働を強いられた。ただし、そうした奴隷を管理する仕事は能力を要し、そのための奴隷は非常に高価であった。農業でも耕作の手助けとして使われ、皮革や金属や陶器の職人、食料品の小売人としても使われた。私的な奴隷だけでなく、国家所有の奴隷も存在した。スキュタイ人は、スキュタイ風の服を着て弓矢を持ち、役人の監督下に警察官的な役割を果たした。そのほか、下水を掃除したり、公文書を管理したりする奴隷もあった。

　このように奴隷は身近な存在であったが、どのような関係を結ぶかは個人によりさまざまであった。技術のある奴隷は自由人職人と同じ賃金をもらうことができた。動機づけに金が必要だと考え

▲墓のレリーフ。右が死んだ若い女性で名前はアメイノクレイア。ヒマティオンを頭からかぶり、右手を少女の奴隷の頭の上に置いている。少女の奴隷は膝をついて女性のサンダルを直している。その後ろにいる奴隷はピュクシスを持っている。若い女性は結婚式用のサンダルを履こうとしているようで、結婚を目前に控えて死んだのかもしれない。（前375～前350年頃。アテネ、国立考古学博物館。撮影：齋藤）

◀墓のレリーフ。死んだ若い女主人とそれに使える少女奴隷が描かれている。若い女主人の名前はエウコリネ。少女奴隷は女主人の身を飾る宝石などを入れた容器（ピュクシス）を持ち、右手を顔に当てて悲しみを表している。（前380年頃。アテネ、国立考古学博物館。撮影：齋藤）

られていたのである。主人にいくらかを差し出す必要があったが、そうしたわずかな金を貯めて最終的に自由を買い取る奴隷も現れた。奴隷解放は稀なことではなく、とりわけ主人の遺言によって解放されることが多かった。解放された奴隷はメトイコイの身分に入った。また、先に銀行家として生涯を紹介したパシオンは、奴隷からメトイコイ、さらには市民となり、死に際してフォルミオンに妻を与えて家業を継続させたが、そうした例が少なくなかったことをデモステネスの第三六番弁論の二八～二九節は伝えている。

(2) 外人の立場

アリストファネスは、メトイコイは「市民の麩《ふすま》」だという台詞を残している（『アカルナイの人々』五〇八行）。麦の外皮（ふすま）が外人で、中の上質の部分が市民だということで、パンを作るときこの外皮の部分が残らざるを得ないように、外人の存在は不可欠なことも表している。一口に外人と言っても、さまざまな外人がいた。プロタゴラスのような著名な外人の場合、多くの人間が集まって彼を歓迎した様子がプラトンなどから偲ばれる。アナクサゴラスは長くアテナイに滞在して多くの人に影響を与えたし、リュシアスは富裕なメトイコイで三十人僭主から迫害を受けたが、後には弁論代作者として広く活躍した。さらに、将軍に選ばれた外人も何人かいたことをプラトンの『イオン』の一節が伝えている。しかし、こうした外人は例外的で、アテナイは少なくとも古典期においては閉鎖的な血統の原理を貫いた。ローマの皇帝クラ

▲祭りのために酒の準備をする奴隷。（ロンドン、大英博物館）
▼黒人の頭を象ったオイコノエ（水差し）。（前420～前400年頃。ロンドン、大英博物館　© The Trustees of the British Museum）

ウディウスは、そこにアテナイが「戦争に勝っても最後には破滅した」原因を見ていた（タキトゥス『年代記』一一・二四）。

アテナイに住んだ外人には祖国を失い、生活の糧を求めて繁栄するアテナイにやって来た者も多かった。外人は土地を持てなかったから、多くはペイライエウスやアゴラで何らかの商売に従事するか、下働きとして使われたものと思われる。先にも言及したように、伝デモステネス第五九番弁論は、現在アテナイ市民のように暮らしているネアイラという女性が実は遊女上がりの外人で、アテナイ人と外人女性との結婚を禁じた法に違反していると訴えたものであるが、男に翻弄されつつも現在に至ったネアイラの数奇な運命に外人の生き方の例が現れている。また、この弁論は土地生え抜きの市民と外人とを厳しく区別しようとする見方に訴えかけ、そうした見方が市民の中に根強かったことをも示している。また、ヒュペレイデス第三番弁論は、七四頁の項で紹介したアテノゲネスなる人物を訴えたものだが、この者はエジプト出身のメトイコイで香水店を経営していた。話者は彼の少年奴隷に恋をし、その奴隷をもらい受けたいと願っていたのだが、話者の言うところによると、アテノゲネスは知り合いのヘタイラを使って話者に話を持ちかけ、奴隷と共に香水店の借金も彼に負わせる契約を結ばせたのである。その真偽はともかく、若い市民の弱み

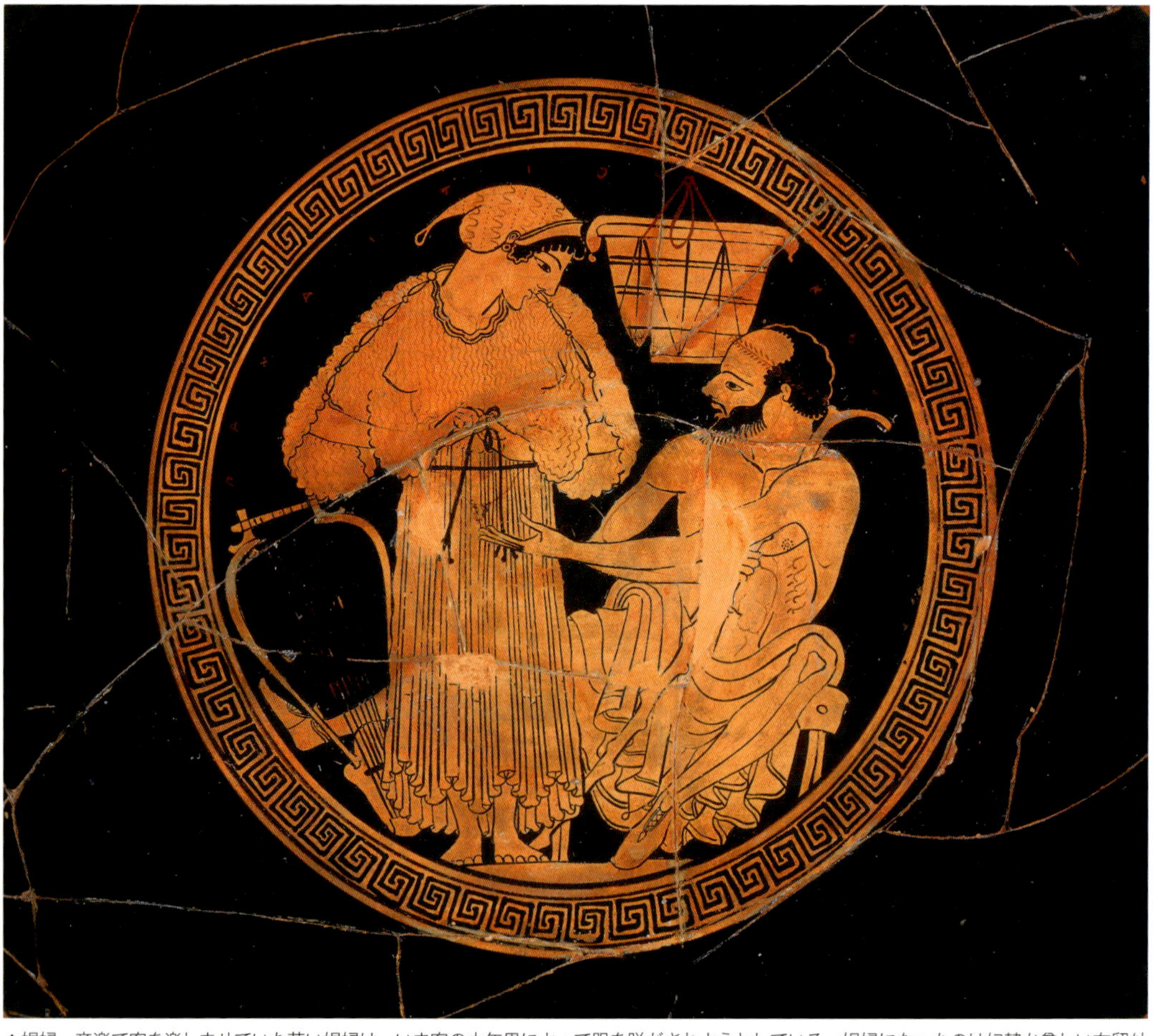

▲娼婦。音楽で客を楽しませていた若い娼婦は、いま客の中年男によって服を脱がされようとしている。娼婦になったのは奴隷か貧しい在留外人であったろう。（ロンドン、大英博物館　© The Trustees of the British Museum）

につけ込んで抜け目なく自らの利益を謀ろうとする老獪な外人というのはありそうな構図で、ヒュペレイデスの主眼もそうした構図に頼って説得力を増そうとすることだったと考えられる。外人の立場は弱いものであり、虐げられることも多かったが、それでもアテナイに不可欠な存在として社会に溶け込んで何とか生き抜こうとしている様子が、こうしたところからも浮かび上がってこよう。

(3) 市民の間の差別

　前六世紀初めに作られたソロンの四階級は、古典期に入ると実質的な区別の意味はもたなくなり、市民の間に身分的差はなくなっていた。しかし、法廷弁論の中には市民の差別意識を踏まえた言い回しや、説得法が現れている。例えば、アイスキネスは仇敵デモステネスをつぎのように言う。「この者の父は自由人である。嘘を言ってはならないから、それは認める。しかし、母と母方祖父から受け取ったものはどのようなものであったか。……祖父から言えば、民衆の敵たる人物、母から言えば、スキュタイ人、ギリシア語をしゃべるバルバロイなのだ」（三・一七一～一二）。ペルシア戦争後急速に広まったバルバロイ蔑視観に則りこう言うのである。これに対しデモステネスはアイスキネスについてつぎのように言う。「貴兄と貴兄の家族について何を言うべきか迷いはしないが、何から言うべきかは迷わざるを得ない。父親が読み書きを教えていたエルピアスの奴隷で分厚い足枷、首枷をしていたことか。母親が昼日中のガモス（売春）で可愛いお人形、最高の三流役者たる貴兄を育て上げたということか」（第一八番一二九）。これらはいずれも誇張ではあり、事実ではないが、市民の間にある差別意識に訴えようとす

▲ギリシア重装兵とバルバロイとの戦い。左側のバルバロイの服装をした兵士（おそらくペルシア兵）を追い詰めるギリシア重装兵。裸はバルバロイとの対比でギリシア人を表す一つの手法。（ロンドン、大英博物館）

▼左右：ヘレネスとバルバロイ。裸のギリシア人はエウリュメドンとされ同名の川でのアテナイ同盟軍のペルシアに対する勝利を暗示しよう。一方のバルバロイは腰を曲げ、ヘレネスを受け入れる恭順の態度を示している。性的暗示と共にギリシア人とバルバロイとの関係を明瞭に示している。（前5世紀半ば。ハンブルク、美術工芸博物館）

るもので、それなりに効果を発揮したものと思われる。また、イサイオスの弁論はすべて相続に関わるのものであるが、ここにも彼らの差別意識に訴えようとする論法が現れている。例えば、第八番弁論はキロンという人物の財産をめぐる争いだが、話者は自分の母がキロンの嫡出の娘であることをさまざまな事実をあげて説得しようとする。そして、つぎのように言う。「皆さんにとっては明らかであろう。親族の中でより近いのは、彼と血を同じくする者ではなく、彼から生まれた者であるということが」（三〇）。直系の子孫、しかも庶子ではなく嫡出の子孫が相続すべきというアテナイ人の意識は、市民と外人を差別する意識と通ずるものであろう。

こうした差別意識は隠しようもなく表に現れてくるが、これを抑えようとする意識がないわけではなかった。ヒュブリスという観念は、人の名誉を傷つける行為やそれを為す心的状態を言うが、「女子供に対してであれ、自由人、奴隷に対してであれ」そうしたことを為した者は、公訴されることを法は定めていた（デモステネス二一 - 四七）。この法がどれ程実効性を持ったか分からないが、野放図に差別意識が貫かれたわけではなかった。

7 流浪・遍歴する人々

ポリスは閉鎖的な社会であった。市民と非市民の間には大きな身分差が存在し、たとえ何十年暮らそうとも在留外人が、それだけの理由で居留しているポリスの市民権を得られることはない。彼らは保証人と共に人頭税支払いや従軍の義務を課せられる一方で、一切の参政権は認められず、土地所有も認められなかった。それでもアテナイには、多くの在留外人が居留し、また各地からの商人が行き来をしていた。そういう意味では、ポリス世界は、開放的と言うより、閉鎖性を担保しつつ、流動性を持った社会であったと言える。

そして、アテナイを訪れたり去ったりする者は商人ばかりではなかった。特殊な技術を持った職能者は、ポリスの枠組みを超え、新たな活動の場を求めながら移動していた。例えば、彫刻家の場合、彼らの作品とそこに刻まれた作者の銘からそうした越境活動が知られる。有名なところでは、アテナイのパルテノン神殿を監督し、アテナ・パルテノス像の制作を手掛けた巨匠フェイディアスは、オリュンピアにおいてもゼウス神殿のゼウス像を制作した。

専門家という意味では、医師も各地を遍歴した。例えば、その身一つで医師として身を起こし、天賦の才を持って名を成し、より高い俸給を提供するパトロンのもとへ遍歴しながらキャリア・アップの末に破格の報酬を得るようになったクロトンの人デモケデスの活躍が伝えられている（ヘロドトス『歴史』三 - 一三二）。

前五世紀になると、「知識」と弁論術を売り物にする者が現れた。彼らは、ソフィストと呼ばれ、弁論術・修辞学を中心に人々に有料で、その術を伝授した。文化・学芸の中心地となっていた当時のアテナイには、各地から著名なソフィストが、自らの名をより一層広め、名声を得るため訪れるようになった。シケリア（現シチリア）のゴルギアスも高名なソフィストで、アテナイを訪れている。

あるいはまた、宗教面でも占い師・予言者といった者たちが、そうであった。「魔術」を意味する英語magicは、古代ペルシアにおけるゾロアスター教の神官（僧）マゴスに由来するが、それはマゴスのギリシア世界に於ける活動から彼らが呪術師と見なされたことによる。前四世紀には、マゴスという言葉には、「ペテン師・香具師」といった批判のニュアンスを伴うようになり、市井で受容されつつも、批判を浴びていた様子も窺える。また、彼らがペルシアのゾロアスター教とどれほど関係があったかも疑問で、おそらくある時期から、「マゴス」は「占い師」を意味する言葉として、ギリシア世界において独り歩きしだしたものと思われる。

科学的見地からすれば、「占い」「魔術」といったものは、非科学的であり、そうした「術」を売り物に各地を渡り歩く占い師・魔術師といった存在は、いかがわしく思われるかもし

▲患者を看ている医者。（前480〜前470年頃。パリ、ルーブル美術館）

◀香水店。香水を売る椅子に座る女性が、少女奴隷に香水入れ（アラバストロン）に入れた商品を渡している。香水は女ばかりでなく、シュンポシオンに出る男性などにも使われた。（前460年頃。ベルン歴史博物館）

れない。しかし、現代よりも、未知なるものに取り囲まれた古代世界にあっては、予言者たちの助言は、盲信されることはなくとも、重視された。ヘロドトスからは、有力な指導者や軍事指揮官のお抱えとなり、付き従う予言者たちの存在が窺える。また、支配層のみならず、庶民もまた「占い」の類を求めたようだ。今日でも、人によって程度の差はあれ、「今日の運勢」や姓名判断、あるいは神社のおみくじが親しまれているのと同じであろう。

イソクラテスという弁論作家の一篇には、占いの術を身に付けて財を成した興味深い男の話がある。

遺贈者の父トラシュロスは、先祖代々の財産というものはありませんでしたが、占い師のポレマイネトスの客人に迎えられてのち、身内同然の親しい間柄になり、この人が亡くなる際に、占いに関する書物を何冊かと財産の一部を、これが今般の係争の的になっているのでございますが、遺しました。トラシュロスはこの書物を種本にして占術師となることができました。彼は旅占い師となって、さまざまの都市で暮らし、女性遍歴もして…

（第一九番『アイギナ弁論』五〜六）

偶然知り合った占い師との親交から、彼の占い道具を譲り受け、自らも占い師として各

▲ローレンス・アルマ・タデマ画「パルテノンフリーズを友人たちに紹介するフェイディアス」（1868年。バーミンガム美術館）
▼ギリシア人傭兵たちがアブ・シンベル神殿に残した落書きの一部。（前6世紀はじめ。周藤芳幸『物語 古代ギリシア人の歴史』光文社新書、2004年 より）

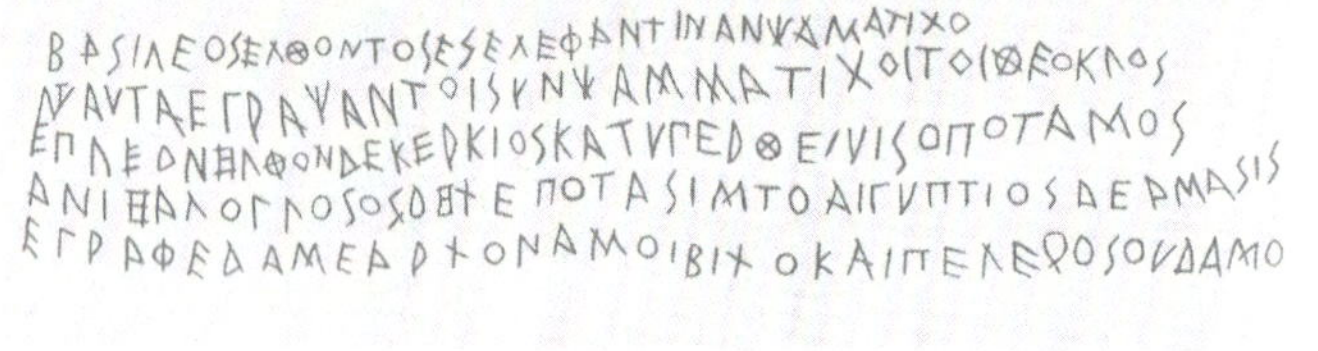

地を遍歴しつつ一財産を築き上げたとされる。興味深いのは、占いの術に関し、「書物」が用いられていることだ。伝説上の有名な予言者の言葉を記録した書き物を携帯し、そこから任意の一節を抜き出して顧客に開示し、予言を行う者をクレスモロゴス（託宣売り）といい、喜劇で槍玉に挙げられるほか、ヘロドトスにも、王に召し抱えられ、事あるごとに、王にとって都合の悪い部分を無視して、都合のいい箇所だけを拾い上げていた占い師が紹介されている。

小さな独立共同体であるポリスは、「市民＝戦士」団であり、クニの防衛は一般市民が有事に自ら装備を整え同朋市民たちと軍隊を編制して担った。そこには原則的に、兵士を職業とする専属の軍隊は存在しない。しかし、その一方でギリシア世界にはポリス時代の初期からポリスの外に出て軍事活動を生業とする傭兵たちが存在していた。エジプトのアブ・シンベル神殿には、ギリシア人傭兵が書き記した落書きが残されている。

前五世紀末、ペルシアで起きた小キュロスによる王位簒奪クーデターには、一万人を超すギリシア人傭兵が集められた。ソクラテスの弟子であるクセノフォンも、当初、その目的を知ることなく徳望高い小キュロスに友人を介して会いに赴いており、彼は、これらのギリシア人傭兵たちが祖国を失った流れ者ではなく、祖国に家庭を持つ一種の出稼ぎであったと記している。統率の取れたギリシアの重装歩兵はペルシアでも有力な傭兵隊として評価されていたのである。

　その一方で、さまざまな理由で亡命生活に入り、傭兵稼業を行う者たちも存在した。前四世紀後半、マケドニアがギリシア世界の覇権を手に入れ、アレクサンドロスがペルシア討伐のため東方遠征に赴いた際には、マケドニア・ギリシア連合軍とペルシア軍双方に多数のギリシア人傭兵が含まれており、ペルシア討伐後にアレクサンドロスが発布した「追放者帰国令」は、ギリシアの諸ポリスに混乱をもたらした。

　殺人や国家反逆罪といった重罪で告発されたり、軍事指揮での失敗などで、亡命を余儀なくされることもあった。たとえ、国内での正式な審理を回避して国外逃亡した場合でも、原則的に当該ポリスがその者の追跡と国内連行を試みることはなく、欠席裁判で「死刑」（実質的には「永久追放」）扱いとなり、以後不問とされた。伝説にまで遡れば、トロイア戦

▲クセノフォン（前430年頃～前355年頃）。小キュロスのクーデターが失敗に終わり、加えて反乱軍の当初の指揮官たちをペルシア側の策略で失った後、自ら指揮官の一人として1万人のギリシア傭兵団の逃避行を成功に導いた。

▲ヘロドトスの肖像。バビロン、エジプト、南イタリア、黒海北岸と世界各地を旅して彼が集めた逸話が『歴史』にはふんだんに盛り込まれている。（後2世紀。ニューヨーク、メトロポリタン美術館）

▼負傷したパトロクロスを手当するアキレウス。（前500年頃。ベルリン国立博物館）

▶アルキビアデス。前415年、シチリア遠征軍の将軍に選ばれながら、エレウシスの秘儀冒瀆の嫌疑から遠征途上で、こともあろうかスパルタに亡命した。特異の才で信望を得るも、王妃とのスキャンダルから再亡命の末、今度はペルシアに渡り、前407年には市民の待望もある中、アテナイへの帰国を果たした。だが、部下の失敗の責を問われると再び国外逃亡という、人格ともに破天荒な生涯を送った。（スパルタ考古学博物館）

◀トゥキュディデス。ペロポネソス戦争中の前424年、将軍としてトラキア方面に遠征するも、要衝アンフィポリスがスパルタの手に落ちたことの訴追を恐れ、おそらく、そのまま亡命生活に入った。同時代のアテナイ人として、また亡命者として祖国から距離をおいて冷徹な目でこの大戦の行く末を見つめながら、『歴史（戦史）』を執筆した。（プーシキン美術館）

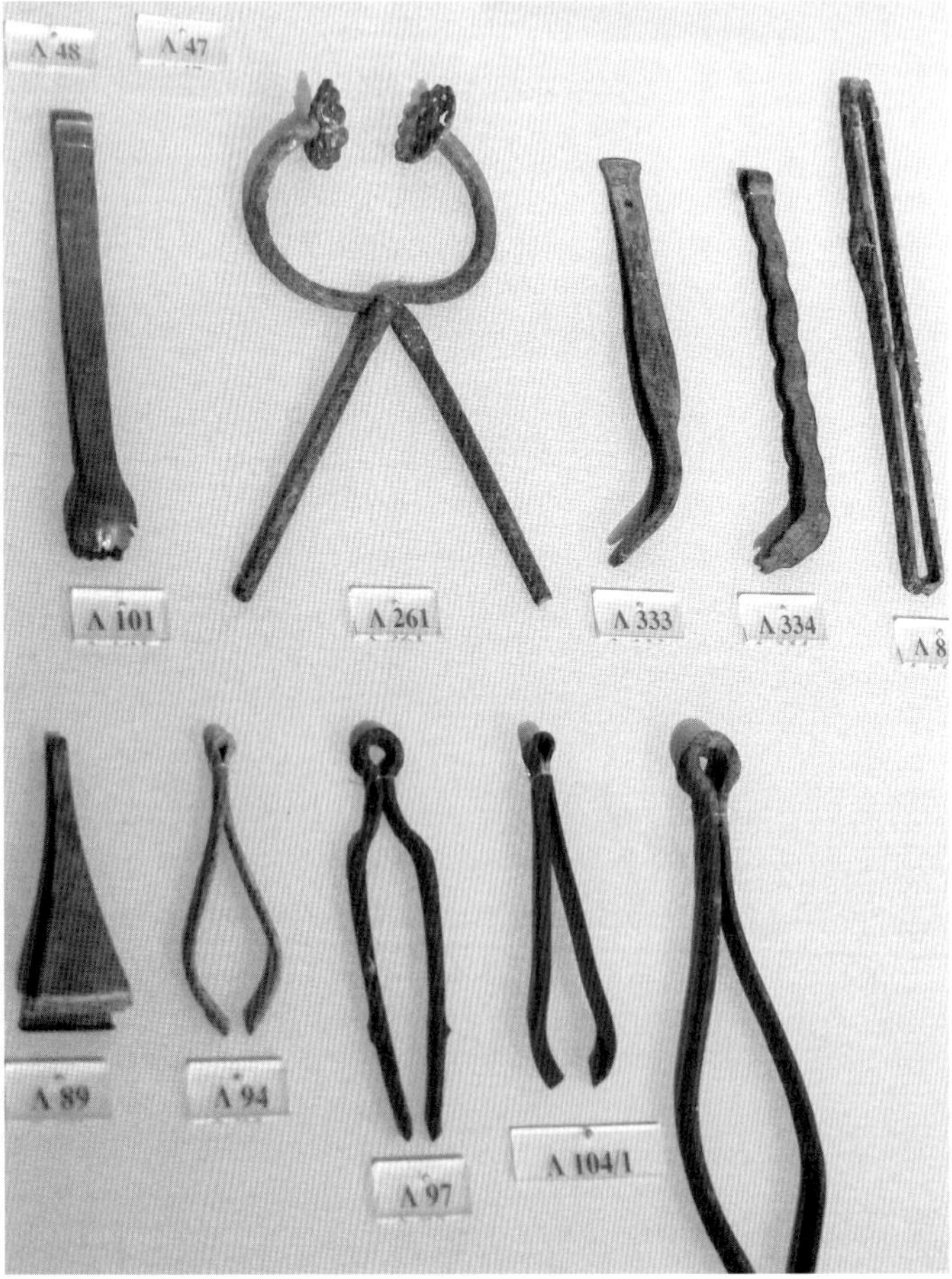

▲さまざまな医療器具。（時代的に少し後の時代のものも含む）。（アテネ、国立考古学博物館。撮影：齋藤）

争の英雄アキレウスの親友パトロクロスも、幼い頃に誤って殺人を犯し祖国を逃れアキレウスの家へ身を寄せていた亡命者であった。実際の亡命者が国外でどんな生活を送っていたのかはよく分からないが、犯罪者のレッテルをはられて日陰者として暮らしていたばかりでもないようだ。一般的な事例とは言えないが、テミストクレスやアルキビアデスは、反逆罪でアテナイを追われた後、ペルシアに渡り、ペルシア当局と友好関係をもちつつ不自由ない生活を送っていた。歴史家のトゥキュディデスも作戦指揮の不首尾を機に二〇年の亡命生活を送りながら、『歴史』の執筆活動をつづけた。亡命者について以後不問とするポリス共同体の閉鎖性と、一個人として生活・活動の場を切り開く個人主義とのバランスの上にギリシア世界は成り立っていたと言えよう。

▲医者と思われる男の墓碑。背景に吸い玉が飾られているのが見える。(前480年頃。バーゼル古代美術館)

▲「国家の医師」として無償で活動し、アテナイからオリーブの冠を授与された。ロドス出身の医師フェイディアスの顕彰碑。(前304/3年。アテネ碑文博物館)

◀治癒感謝奉納碑。ここでは、神殿で癒やしを受けた奉献者の姿が描かれているが、手前の姿は、何かしらの施術行為をも示唆している。前360年。アテネ、国立考古学博物館)

第4章 日々の生活のなかで

1 服装・化粧・風呂・トイレ

(1) 服装

古代ギリシア人の服装はシンプルだ。女性の場合、たいていはキトンやペプロスといった羊毛の一枚布でできた衣装を、腰ひもやフィブラと呼ばれるピンで留めて纏う簡素なスタイルだった。これらの生地は各家庭で妻たちが紡ぎ、織り上げた。外出時にはヒマティオンやクラミュスあるいはエフェストリスと呼ばれる外套を羽織ることもあった。前五世紀になるとペプロスからキトンが主流になっていくが、両方のスタイルが残り、キトンにもドリス風と呼ばれるスタイルなど、ある程度のヴァリエーションが生まれた。祭礼の際には意匠の凝った特別な衣装を身に着けたらしい。アクロポリスに奉納された少女（コレー）像からは衣装の襞《ひだ》などに繊細な文様と彩色された跡が残っている（コラム3「多彩色の世界」参照）。最近の研究では、素材の分析も進み、亜麻布（リネン）、コットン、ウール、麻、ウールとリネンの混紡といった布が使用されたことが分かっている。

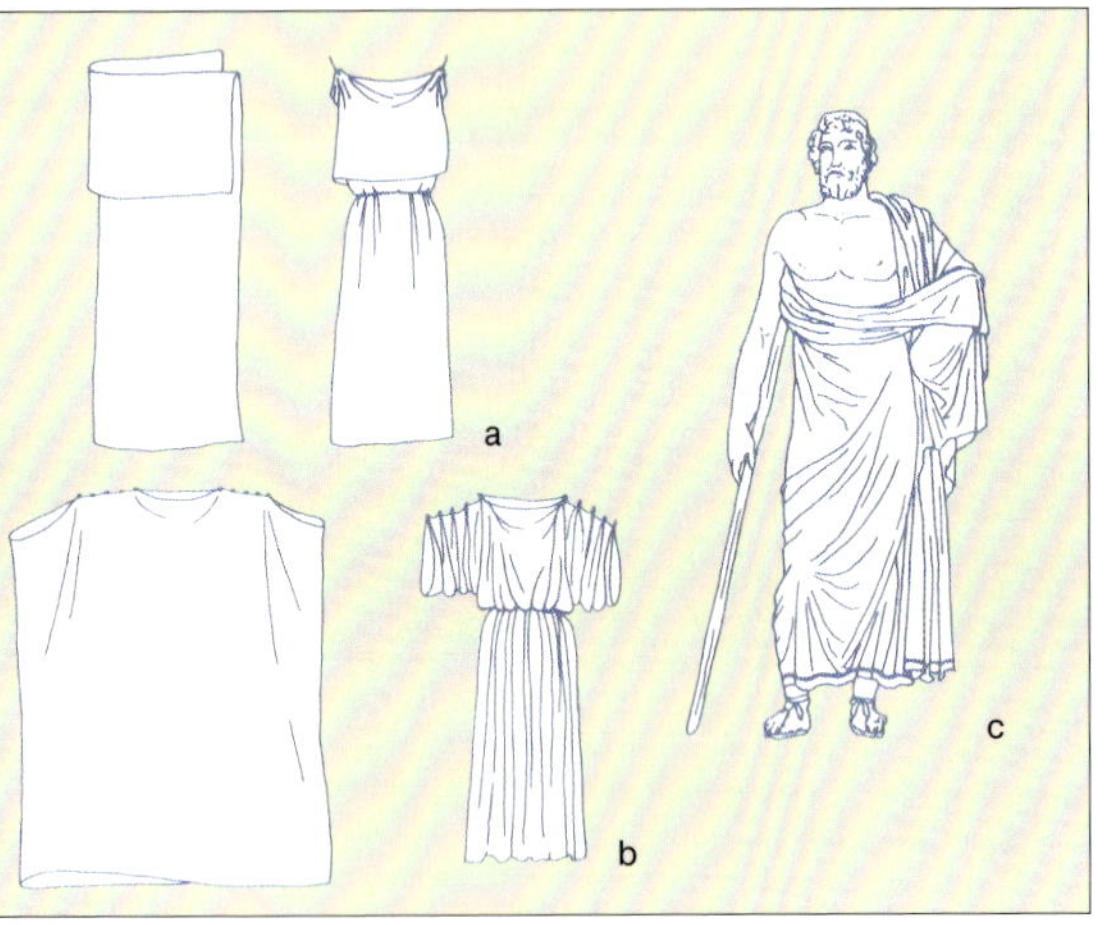

男性たちは、女性と同じようにキトンやヒマティオンを身に着けた。外套は男女共用であったらしい。日中、体育場で身体訓練に励む際は、全裸となった。一部の労働者たちを除いて、どうも普段から下着に類するものは身に着けていなかったようだ。訓練のみならず、オリュンピア競技祭なども、全裸で行われた。一説によると、褌《ふんどし》を身に着けて徒競走をした際に、走行中に褌が緩んで足に絡まって危険だったから全裸で行うようになったという。しかし実際は、機能的問題よりも「裸」がギリシア人にとって「自由」の象徴的な意味合いを持っていたことの方が重要だったと思われる。事実、体育場で市民に混ざって奴隷が裸になることは禁止されていた。

他方、一般生活において、奴隷と一般市民や在留外人（メトイコイ）とは、服装に特別な区別はなく、見分けは付きにくかった。ある弁論では、訴訟相手が話者の家に押し入った末に、奴隷の子だと思い込んで市民身分である話者の息子を連行しかけたというような話も伝わっている。靴も革製のシンプルなも

のを履いていたが、裸足で歩くこともよくあった。また、陶器に描かれる旅の守護神ヘルメスやオデュッセウスが被る幅広帽ペタソスは、典型的な旅装束の一つだった。

(2) 化粧

カロニケ　女の身で、どんな気のきいた、際立つことができるでしょう？　わたしたちは、きらびやかにして家にたたずむばかりです。サフラン色に着飾って、顔にはお化粧、服は透けて帯なしストレート、履物は平底靴なのです。

リュシストラテ　それこそがギリシア救済にと、わたしが望むもの。サフラン色の着物に香水、それに平底の靴、また紅さらには透けたキトン。

（アリストファネス『リュシストラテ』四二〜四八行）

▲ドーリア式キトンの着用の仕方。Carl Heinrich Stratz画。（1905年頃）
▼ペプロスの着用の仕方。（古代オリエント博物館・岡山市立オリエント美術館編『壺絵が語る古代ギリシア――愛と生、そして死』山川出版社, 2000年 より）

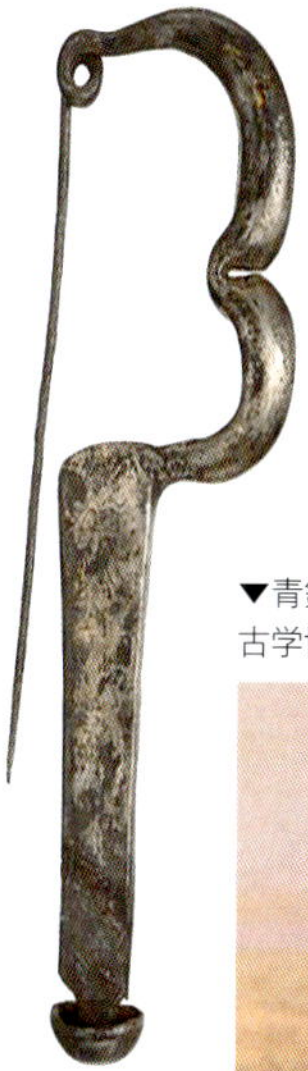

▶a ペプロス　b イオニア式キトン　c ヒマティオン一重で着用した場合（L. Adkins and R. A. Adkins, *Handbook to Life in Ancient Greece*, Oxford and N.Y., 1997 より）

◀銀製の留め具（フィブラ）。南イタリア出土。（前4世紀。ニューヨーク、メトロポリタン美術館）
▼青銅製の手鏡。コリントス出土。（前6世紀。古代コリント考古学博物館。撮影：齋藤）

女性たちは、白鉛を用いた白粉《おしろい》、海藻や植物を原料にした口紅、煤《すす》や炭を原料にしたアイシャドウなどで化粧をしていた。青銅盤を磨いた手鏡も用いられた。前六世紀半ばには、透き通るほど薄く踝まで届く、ネグリジェのような亜麻布製のキトンがイオニア地方から

▲女性部屋の女たち。カラトスと呼ばれるバスケットから羊毛を出しながら糸紡ぎをしている。頭にサッコスを被っている。手前の女性の袖口からは、イオニア式キトンであることが分かる。（前480年頃。ベルリン国立博物館）
▶ストリギリス（掻器）とアリュバロス。（前5世紀かそれ以降のもの。ニューヨーク、メトロポリタン美術館）

流入し、女性たちに使われていたことが、先の引用から窺える。日常的にどれほど化粧をしていたかはよく分からないが、服喪の際には、化粧は控える習慣であったことが、妻の不倫を語る男の一節から窺える。

そのとき私には、市民諸君、彼女の顔が化粧しているように見えた。彼女は兄弟が亡くなってまだ三〇日にもなっていなかったのであるが。

（リュシアス第一番・一四）

髪型について前六世紀までは、男性も女性も肩まで髪を下ろし、束ねるなどしていたが、前五世紀以降、男性はショートカットが一般的となる。但し少年の髪は長く、フラトリアに正式入会を行う一六歳の頃に髪を切って捧げるクレイオンという儀式を行ったと言う。女性の髪型も次第に控えめなものとなっていき、ヘッドバンドでまとめたり、前五世紀の終わりには、ピンなど用いて髪はさまざまな形でまとめあげるスタイルとなり、時にサッコスと呼ばれる頭巾で覆われたりした。奴隷は男女ともにショートカットだった。

イヤリングやネックレスといった装身具も身に着けられた。香水・香油は前六世紀に東方からの影響で貴族文化として流入し、女性だけでなく時として男性も使用した。

(3) 風呂

男たちは、体育訓練の後には身体にオリーブ油を塗り、身体に付いた汗や砂ぼこりをストレンギス（ストリジル）という掻器を使ってオイルと一緒に掻き落とした。このため男性はアリュバロスという小瓶にオリーブ油を容れて携帯していた。またこうした運動場には公共の水盤を備えた施設が付随し、海綿を用いて体を洗ったりしたらしい。スポンジ代わりの海綿は、今でもアテネの土産物店の軒先に並んでいる。同様に女性たちが水盤の周りで沐浴をしている場面もみられる。ここでは、女性たちは手に持ったハタキのようなもので髪に香をつけている。

アテナイでは前五世紀の前半からバラネイオンと呼ばれる公衆浴場が存在した。幾つか建設され、比較的安い料金で利用できたようだ。ペイライエウス地区にあるセランゲイオンの浴場は、前四世紀の遺産相続に関する法廷弁論で、故人の資産として言及されている。

そして、まったくわずかのうちに、アトモノン区の土地を七五ムナで、セランゲイオンにある浴場をアリストロコスに三〇〇〇ドラクマで売却しました。

（イサイオス第六番・三三）

この浴場は、ムニキア港近くで遺構が見つかっており、円型の浴室と幾つかの部屋が組み合わさった複合的建造物であったことが判明している。公衆浴場といっても多人数が同時に一つの浴槽に入る銭湯のようなものではなく、円型に個人用のヒップバスが配置され、そこに座って湯をかけ流すようなスタイルだった。釜で沸かした温水を使用したらしい。低価格で利用可能で、市民たちにとって日常的な習慣となっていたようだが、喜劇では、こうした生活習慣が若者を柔弱にするとの世間の見方も伝えている。私邸からテラコッタ製のバスタブも見つかっているが、そうした入浴施設を自宅に備える事ができたのは、ある程度

▲シャワーを浴びる女性たち。（前440～前430年頃。ミュンヘン州立古代美術博物館）

▼セランゲイオンの浴場（バラネイオン）の見取り図。右下の円型の空間が浴室で、花びらのように見えるのが、個々の浴座。（S. K. Lucore and M.Trümper (eds.), *Greek Baths and Bathing Culture: New Discoveries and Approaches*, Leuven, Paris, Walpole MA, 2013 より）

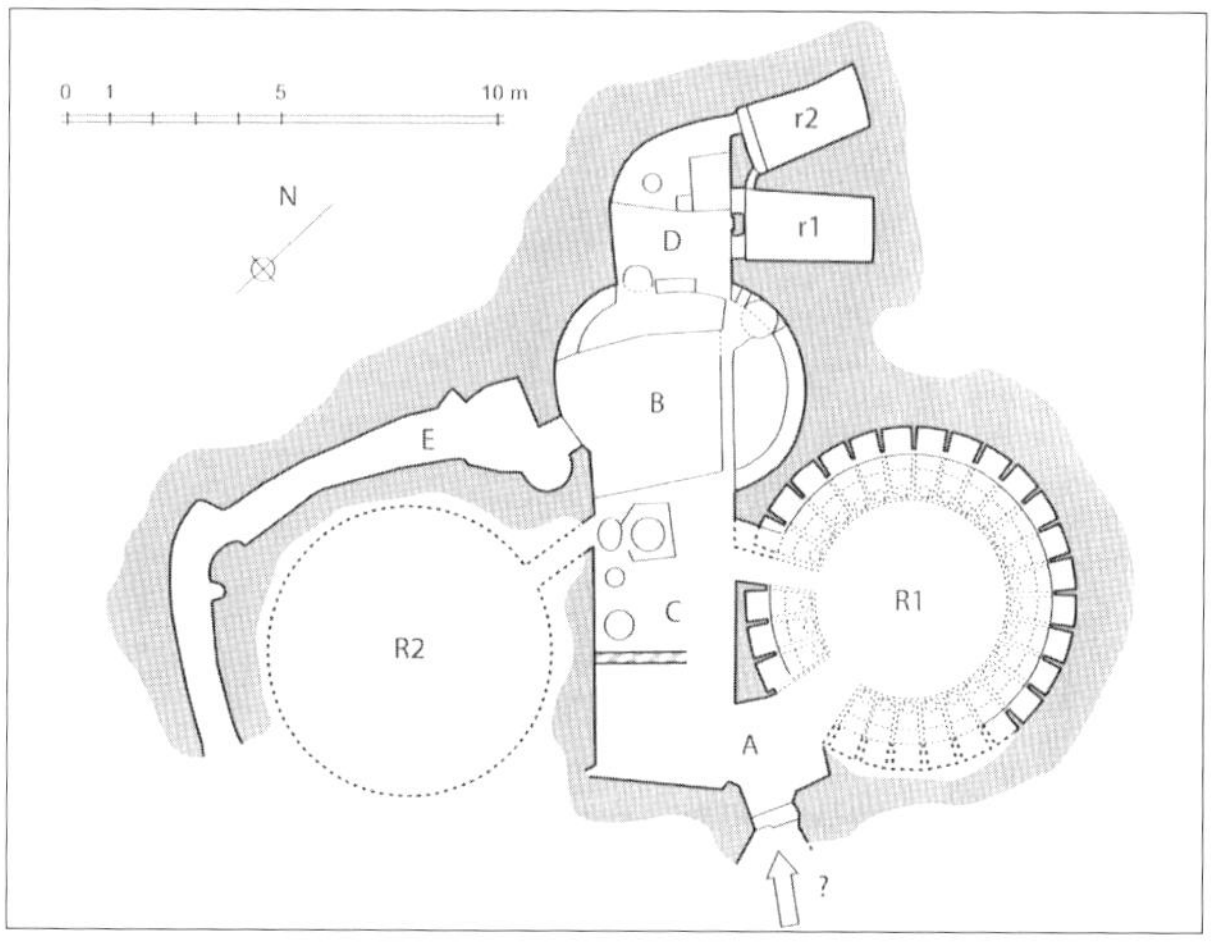

の富裕層であったろう。ソクラテスは滅多に入浴する事はなかったと言われる（『饗宴』一七四A）。程度の差こそあれ、皆が毎日、沐浴・入浴をしていたわけではなかった。

(4) トイレ

トイレに関して史料は乏しい。前五世紀には家の中庭や屋外に掘られた便所（コプロン）を備えた家も存在した。汚物は通りに作られた汚物槽に流し込む形になっていて、ここに溜まった排泄物を屎尿回収人コプロロゴスが回収して回った。とは言え、すべての家庭がこのようなトイレを備えていたわけではなく、男子小用の携帯容器アミスや女性用のスカフィオンと呼ばれる鉢も用いられた。

このほか、とくに男たちは、だいぶ分別なく市中で用を足していたらしいことも喜劇作品から窺える。

もう二度と、祠《ほこら》の玉垣に立小便したり屁をかましたりいたしませぬ。

（アリストファネス『蜂』三九四）

ところで、糞ができそうなひとけのない所はさて、どこかな。

それとも、夜中ならたぶんどこでも構わないかな。

今なら俺が糞したところで、誰も見やしないだろうから。

（アリストファネス『女の議会』三二〇～三二二）

こうした「垂れ流し」について規制する法も存在したが、どうもアテナイの街中は、あまり清潔だとは言えなかったようだ。また、一〇人の市域監督官（アステュノモイ）は、「屎尿収集人が市壁から一〇スタディオン未満の範囲に屎尿を捨てないよう監督する」（アリストテレス『アテナイ人の国制』五〇・二）こととされていた。彼らは、私的な回収業者で、おそらく奴隷を使用して、汚物槽に溜まった屎尿を回収して回っていたと考えられている。

▲おまる（尿瓶）（前440～前425年頃。アテネ、古代アゴラ博物館。撮影：齋藤）

▼用を足す娼婦。トイレにしているのはクラテルと呼ばれる酒を水で割るための容器。代用にしているのか、あるいは、小水をワインに混ぜて気に入らない客に飲ませようとしているのかもしれない。（前480年頃。ベルリン国立博物館）

Column_⑬

暦

古代ギリシアに統一の暦はなく、ポリスごとに独自の暦が用いられた。いずれも月の満ち欠けに基づきつつ、季節の移り変わりに合わせるため日にちを操作する太陰太陽暦であった。アテナイの場合、理論的には夏至の後の新月から一年が始まった。現在の暦で言えば、夏至が大体六月二一、二二日だから六月下旬から七月半ばあたりが新年ということになる——二〇一九年で七月二日、二〇年で六月二一日、二一年で七月一〇日である——。月名は元来その月の祭の名に由来したようだが、古典期には忘れられてしまった祭もある。

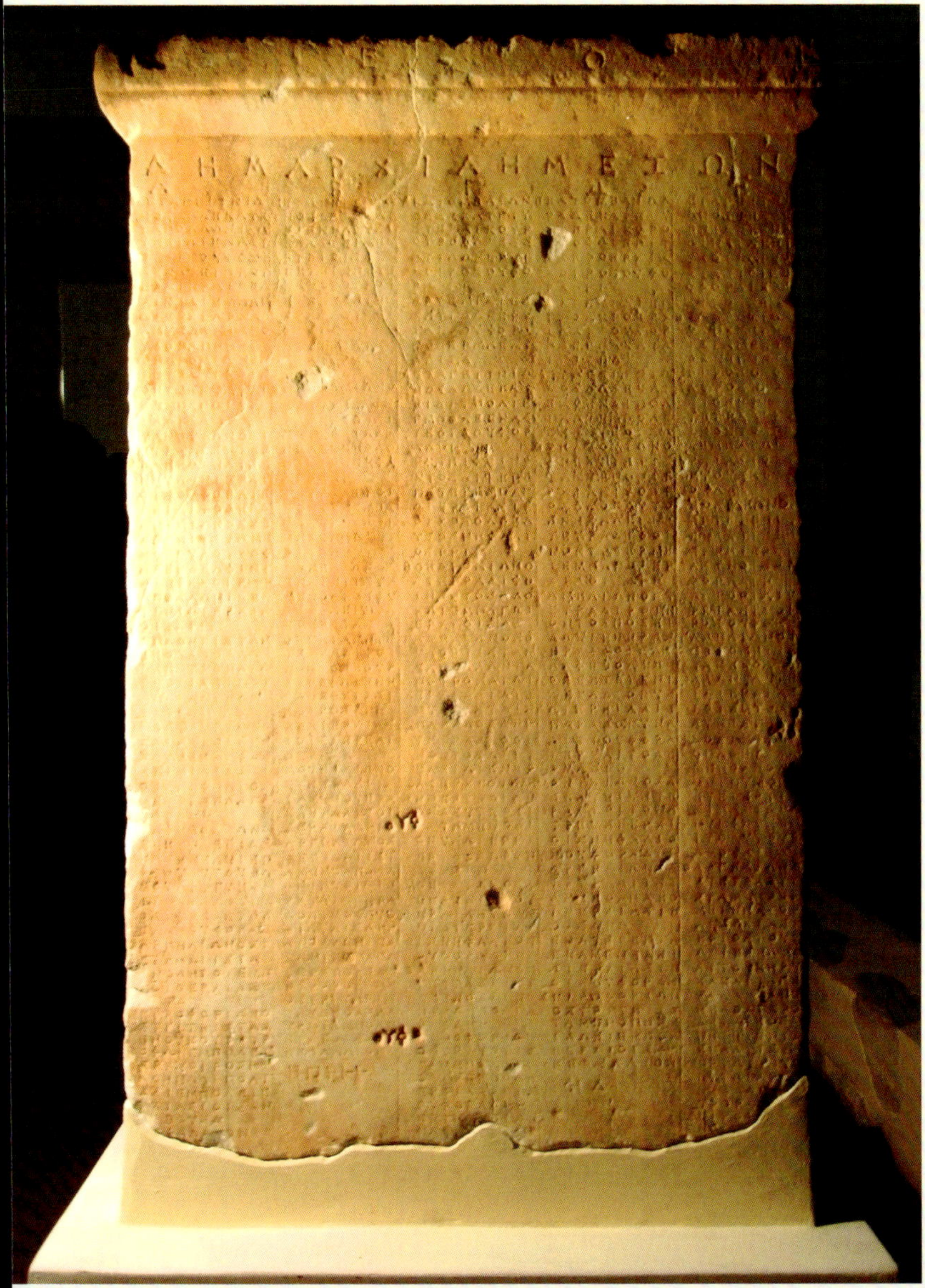

◀エルキア区祭祀暦。前5、4世紀にはさまざまな団体が年間の祀るべき祭祀についての暦を作っている。このエルキア区のものは残存状態の良さから注目される。年間に59の供儀を合計547ドラクマで行うことが分かる。(前375～前350年。アテネ碑文博物館。撮影：竹内)

▼カレンダー・フリーズ。ここのフリーズに彫られている人物はアテナイの祭を擬人化したものであり、それが黄道12宮を擬人化したものの間に季節に合わせて配置されている。太陽暦太陰暦を合わせたものとして注目される。紀元後2世紀に作られたと考えられている。(撮影：齋藤)

ヘカトンバイオン、メタゲイトニオン、ボエドロミオン、ピュアネプシオン、マイマクテリオン、ポセイデオン、ガメリオン、アンテステリオン、エラフェボリオン、ムニキオン、タルゲリオン、スキロフォリオン、以上の一二カ月であり、季節との調整のために日を入れる場合は、一カ月分をポセイデオンの後に第二ポセイデオンとして入れるのが普通であった。

月は二九日と半日で地球を一周するから、二九日の月と三〇日の月を交互におけば一二カ月三五四日でほぼ同じ季節に戻る。しかし、地球は三六五日と少しで太陽の周りを一周するから、毎年一〇日ほど本来の季節との間にずれが生ずることになる。このため日にちを入れて調整する必要が出て来るが、そこには恣意性や政治的判断が入る余地があった。例えば、アリストファネスは『雲』(前四二三年)の中で、正しい日にちの計算にしたがって祭を受けられず、宴会を期待したのに何も得られず帰る神の不満を語り、この時期の暦の恣意的操作を示唆している。また、前三〇七年斜陽のアテナイには、支配者となったデメトリオス・ポリオルケテスのために政治的操作を行った例が伝わる。すなわち、ムニキオン月であったのを、今はアンテステリオン月だと宣言し、ディアシア祭を開き彼のために小秘儀を行った。ついで今はボエドロミオン月になったと宣言し、彼一人のために秘儀祭をひらき、彼は短期間に秘儀のすべての段階を経験した者になったのである。

アテナイにはこの祭祀暦のほかに、一年を一〇カ月に分ける評議会暦があった。この一カ月はプリュタネイアと呼ばれ、各部族が当番評議員を務める期間であった。この暦は最初太陽暦にしたがい、一カ月三七日ないし三六日であったが、前四〇七年より祭祀暦と同じ日に始まるようになり、一カ月三六日ないし三五日とされた。

▲カレンダー・フリーズのあるアギオス・エレウテリオス教会。現アテネの中心部にある。掠奪品をさまざまに組み込んで作られている。15世紀に建設されたと思われる。(撮影：齋藤)

2 家具・食器など

古代ギリシアの家庭に、家具と呼べるものはあまり多くなかった。幾つかの椅子と寝台、食事用の寝椅子と小さな三脚テーブル、収納用の木箱、その他、食器などに使用する陶器、金属器の類、調理用機器といったものが主だったものとなる。

(1) 椅子・テーブル・ランプ

椅子には、背もたれのないストゥール（ディフロス）、折りたたみ式のストゥール（オクラディアス）のほか、クリスモスと呼ばれる曲線的なデザインが印象的な椅子がある。椅子に関して言えば、足置きも使用された。

今日のように椅子に座って使用するようなテーブルや机といったものは、職人が使用するようなものを除き、家庭では一般的ではなかった。食事の際には、寝台に寝そべり、その高さに合わせた三脚のテーブルが用いられた。四脚でないのは、三脚の方が平らでない床面に対応して安定しやすいためだ。

また、部屋の灯りのためには陶製のランプが使用された。アリストファネスの喜劇の一節には、オイルの高騰の時勢にランプの芯を粗雑に扱う節約感覚のない息子を父親が叱っている場面がある。その他、こまごまとしたものとして、木板に描かれた絵画が壁に掛けられることもあった。また、女性たちの使う織り機もあったことだろう。羊毛を紡ぎ、機織りを覚えることは、市民女性が嫁入り前に習得しておくべきことの一つとされていた。また、羊毛を紡ぐ際に女性たちが使用するエピネトロンという膝当てもあった。陶器でできておりしばしば、華やかな装飾が施されている。また、女性は、宝石や装身具を入れるピュクシスという円筒形で蓋付きの小物入れを持っていた。

▲洗い物をする女性。頭にはサッコスを被っている。（前500年頃。ニューヨーク、メトロポリタン美術館）
▼嫁入り道具に囲まれた花嫁。ディフロスタイプの椅子に座り、足台に足を載せている。（前430～前420年頃。ニューヨーク、メトロポリタン美術館）

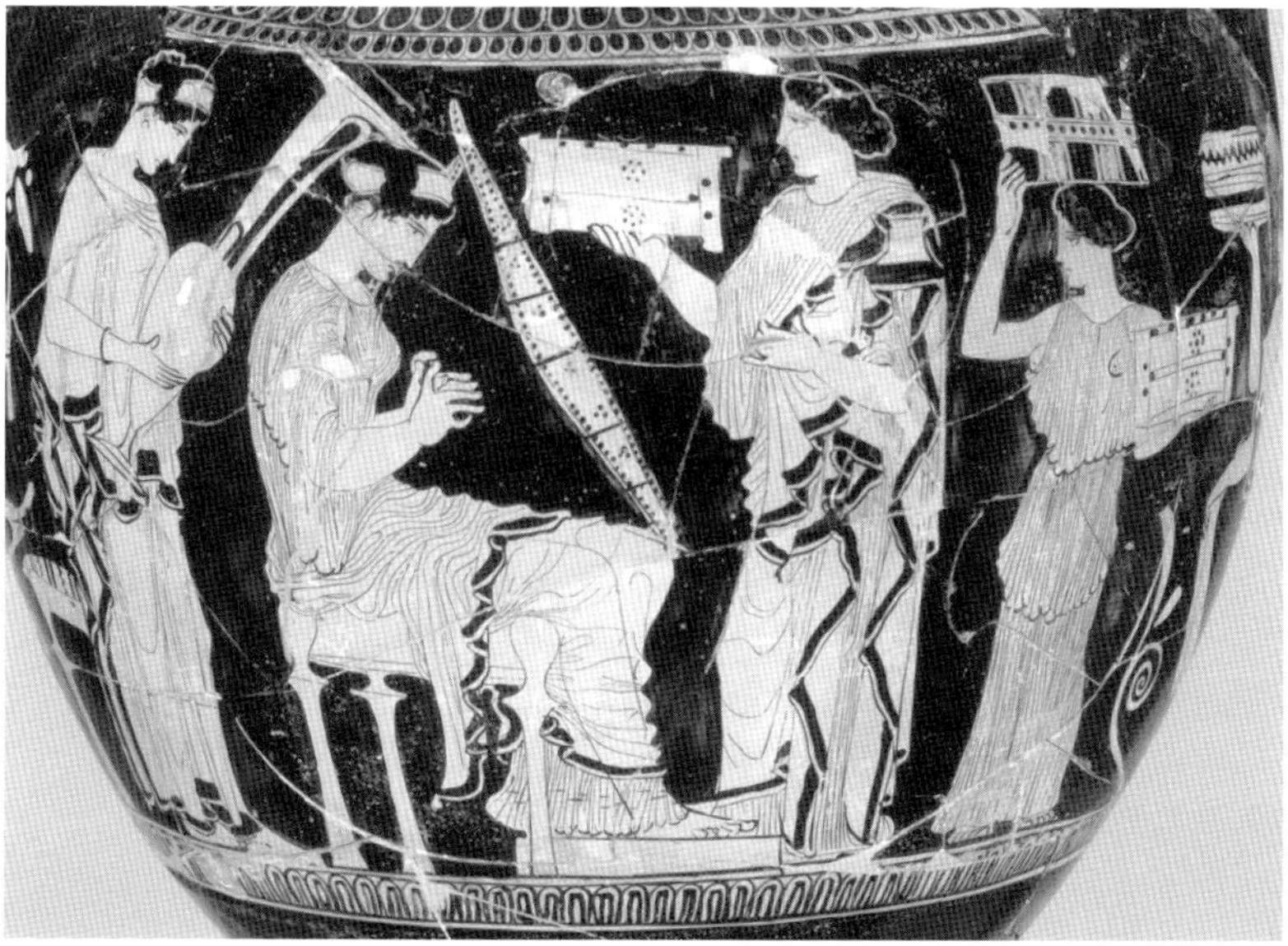

▲ランプ（前500～前460年頃。ニューヨーク、メトロポリタン美術館）

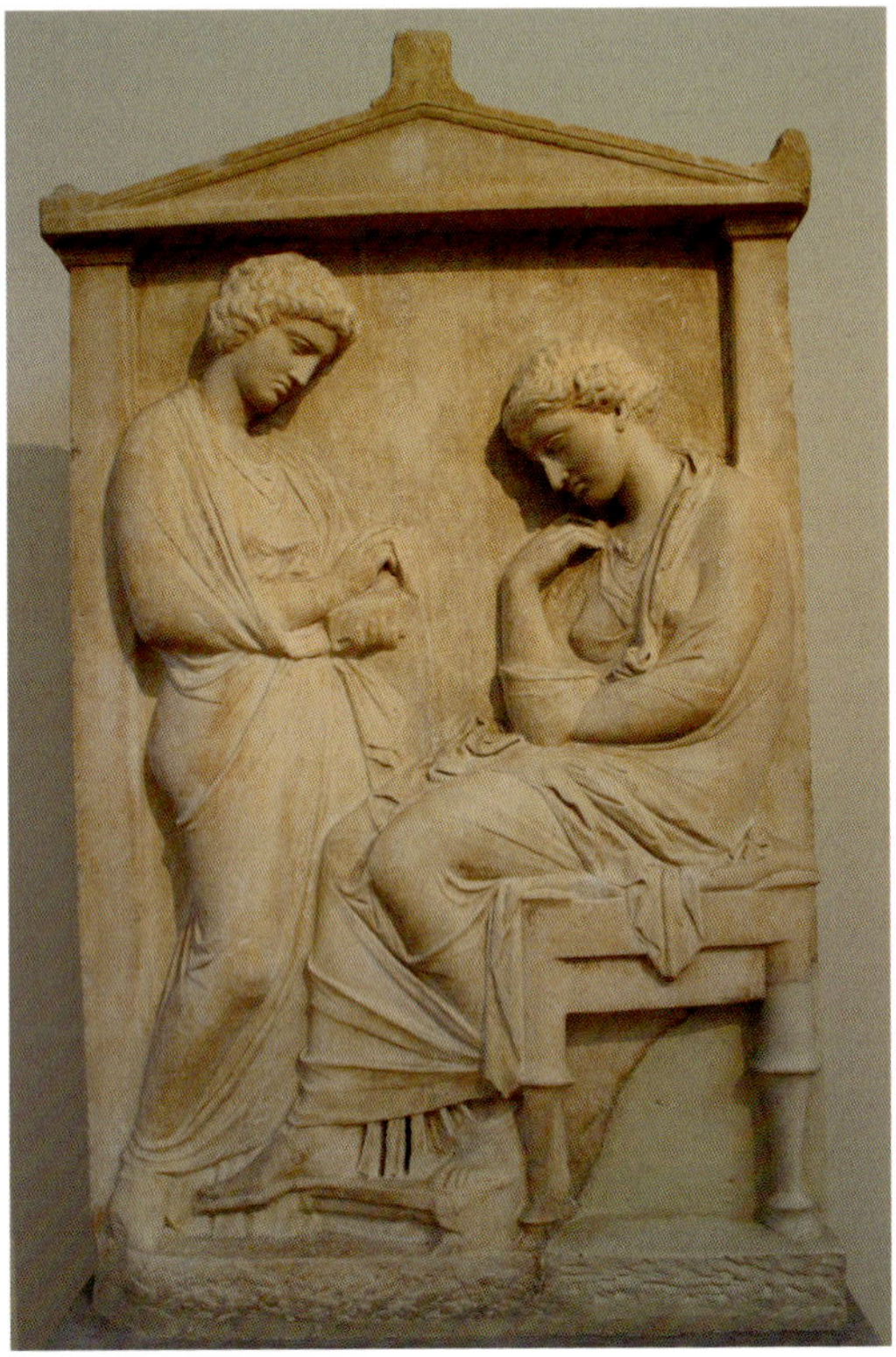

▲椅子（ディフロス）に座る女性（死者）を描いた墓碑。傍らの侍女はピュクシスを持つ。（前4世紀初め。アテネ、国立考古学博物館。撮影：齋藤）

◀「ヘゲソの墓」。クリスモスに座っている。足元には足台。（前500～前460年頃。ニューヨーク、メトロポリタン美術館）

▼折り畳み式ストゥールに座るアポロン。（前460年頃。デルフィ博物館）

▲エピネトロン。（前425年頃。アテネ、国立考古学博物館）

(2) 戸と鍵

アテナイでは木材は貴重だったから、木製の家具はそう多くない。また、戸締りに関しては、閂《かんぬき》が一般的だったと思われるが、神殿などには錠付きの扉（門）も存在した。クランクのような形をした四〇センチメートルほどの棒状の鍵で、閂に開けられた穴を通して外から閂を外す仕組みになっていた。閉める際には、内側から外側に出された紐を引いて閂を引いて閉めた。この鍵は神官職のシンボルでもあったようで、女神官を務めた女性の墓碑レリーフには鍵を持つ姿で描かれている

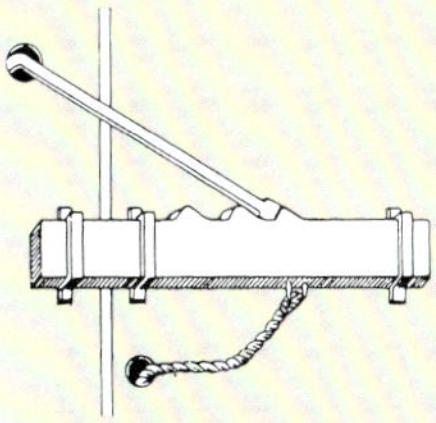

▲内側から見た神殿錠。（浜本隆志『鍵穴から見たヨーロッパ――個人主義を支えた技術』中公新書、1996年より）

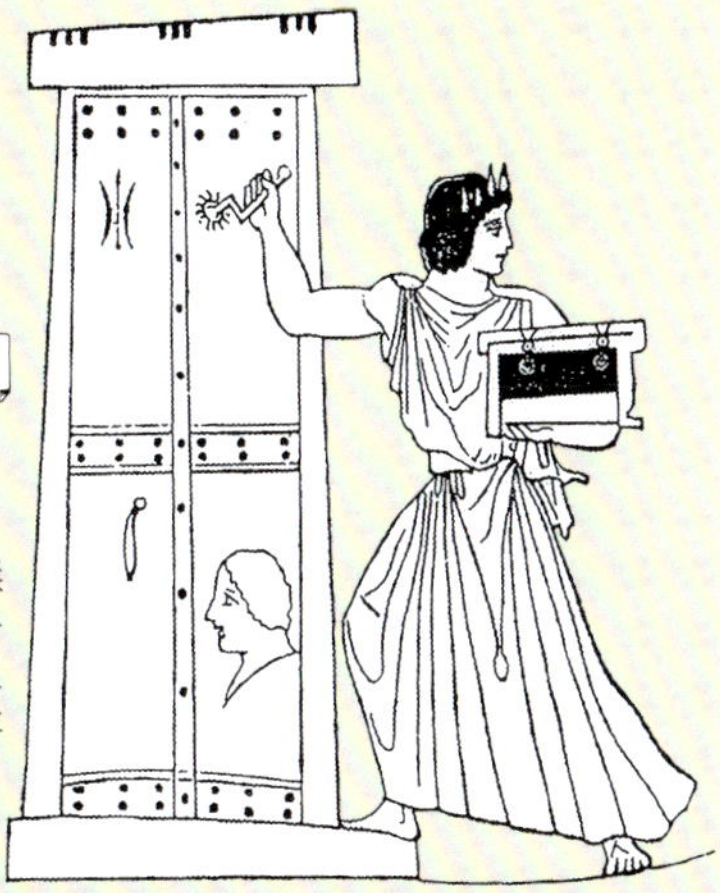

▶鍵で神殿の戸を開けようとしている女神官。（同上）

▲黒塗りの簡素な食器類（前5世紀初めから半ば頃。アテネ、古代アゴラ博物館。撮影：齋藤）

◀神殿の鍵を持つ女神官。（前380～前370年頃。アテネ、国立考古学博物館）

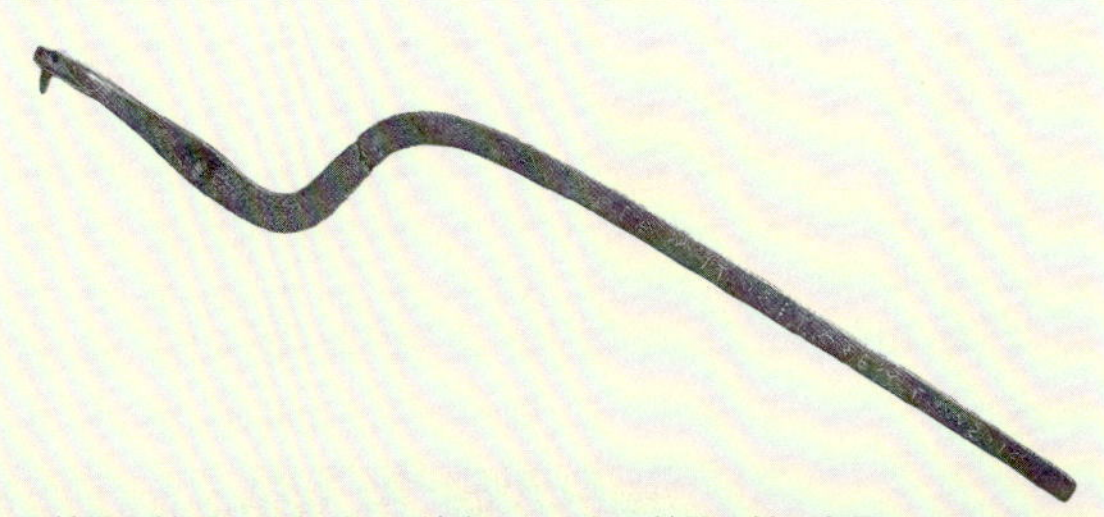

▲神殿の鍵。アルカディア地方アルテミス神殿の鍵。全長40.5センチメートル。（前5世紀。ボストン美術館）

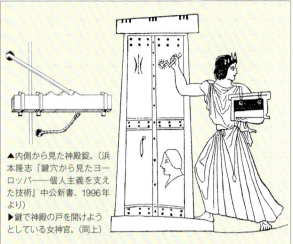

▲蓋付き小口炉。（前6世紀～前4世紀頃。アテネ、古代アゴラ博物館。撮影:齋藤）
▶火鉢に載せられた吹き出し口付鍋。（アテネ、古代アゴラ博物館。撮影：齋藤）
▼調理器具類。左上から時計回りに吹き出し口付鍋2つ。鍋。おろし金。お皿の破片。（前6世紀～前4世紀頃。アテネ、古代アゴラ博物館。撮影：齋藤）

ものが何例か確認できる。

(3) 食器類

銀などの金属器は、非常に高価なもので要人の接待などに使用されたが、庶民が日常一般的に用いたのは、陶製の容器や食器類であった。陶器は、輸送用や貯水用の巨大なものから手のひらサイズまで、さまざまな用途に合わせて大小さまざまな形態が使用されていた。例えば、アンフォラは貯蔵容器で、オリーブ油やワインの輸出などの際に使用される大型のものから、両手で運べるサイズまで大小さまざまなサイズがあった。その他、水差しのヒュドリア、ワインを水で割るための混酒器クラテル、酒杯キュリクスなど、それぞれの用途に応じて基本的な形状と名称が決まっており、およそ二十数種に収まる。日常生活で使用されるものは装飾のない黒一色や素焼きのものもあったが、焼成前の絵付けでさまざまな文様や絵が描かれたものも多い。彩色に関しては、一部に黒・青などを使用したり、下地の白色が印象的な白地レキュトスといったものもある。だが、ほとんどのものは、三段焼成という技法を用いて、陶土と同じ材質から作られた顔料を用いて絵付けを行っているため、赤（朱）と黒のツートンカラーとなるが、前五二五年頃を境に製作法に大きな変化が生じている。それまでは黒像式と呼ばれるもので、描画部を顔料で塗りつぶし内部

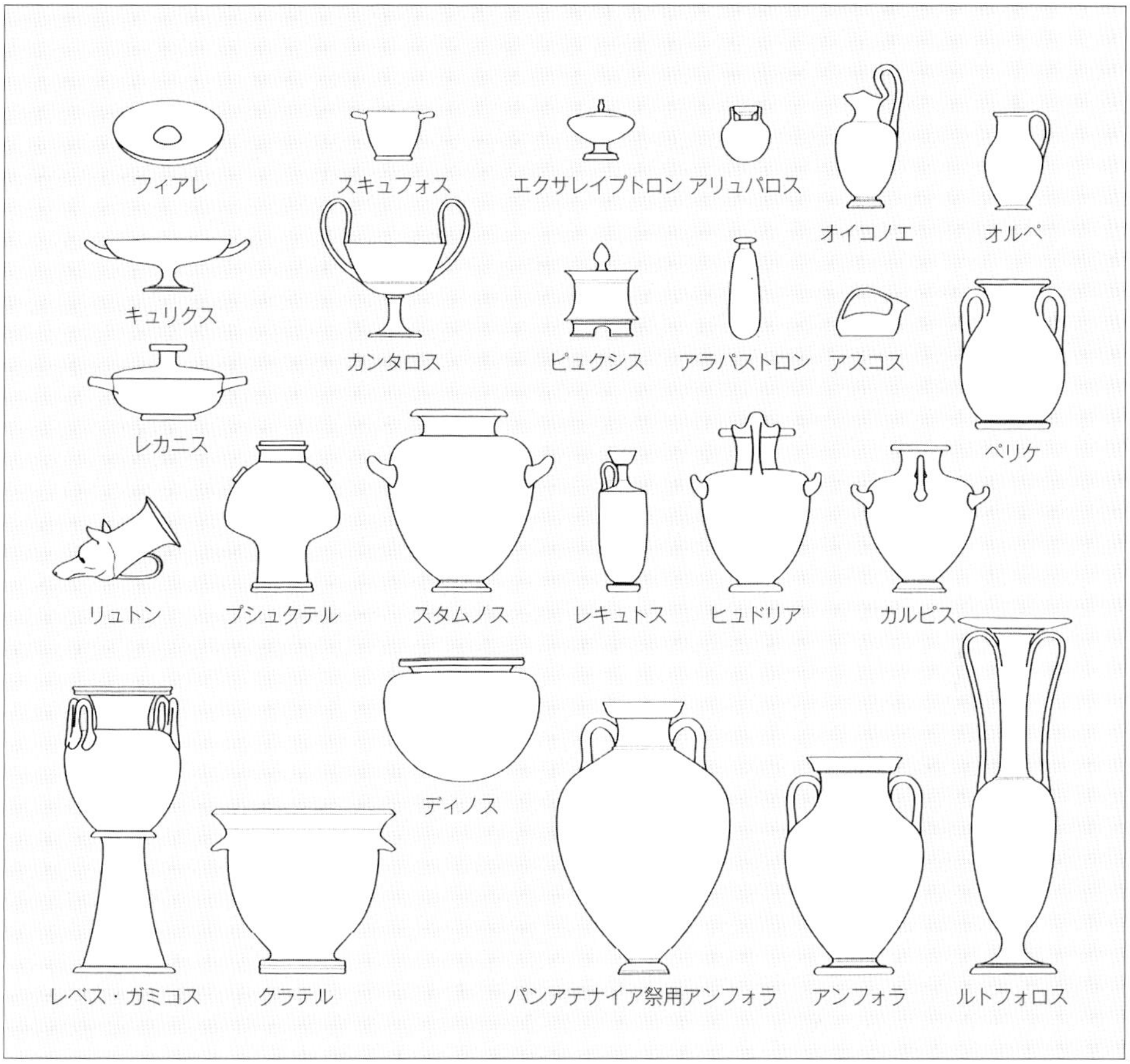

▲陶器の形状と名称。（A. J. Clark et al. (eds.), *Understanding Greek Vases: A Guide to Terms, Styles, and Techiniques*, Los Angels, 2002, pp. 154-155の表を基に一部を簡略化して作成）

の描線を硬質の尖った道具で顔料を削り落とすことで描かれていた。ところがその後、前五二五年頃に登場した赤像式では、逆に背景を顔料で塗りつぶし、描画部に陶土の赤色を残しつつ筆を用いて描線を描くようになった。いわば、フィルムのネガ・ポジと同じ関係である。この様式の転換は、かなり画一的に生じたため例外を除いて、黒像式か赤像式かでおよその年代の区別をすることが可能となっている。

陶器画（「壺絵」と呼ばれることもあるが正確ではない）は、神話・伝説の世界から日常生活の一場面、ポルノグラフィーに至るまでさまざまなモチーフを描き出している。こうした陶器画は、絵画の類がほとんど失われてしまった古代ギリシア美術の分野において貴重な遺産ともなっている（本書で陶器画に負うところが多い理由もそのためである）。

(4) 調理用具

ギリシアで竈《かまど》を意味するヘスティアは、そのまま家の守り神として親しく重要な存在であったが、日本の民家にイメージされるような土間と壁面に据え付けのようなものでなく、時として床面に設置されたり、移動可能な陶製のものの方が一般的だったらしい。その他、調理用火鉢や蒸し焼き鍋、吹き出し口付きの鍋やフライパン、焼き網、おろし器といった多様な陶製の調理器具も使用されていた。

Column_⑭

植物・動物・虫

アテナイの城壁の外には、樹木や草木、動物たちの息づく森や河畔が広がってアッティカの景観をつくっていた。プラトンの対話篇の一つ『ファイドロス』は、城壁の外を流れるイリソス川のほとりを舞台としている。ソクラテスとファイドロスは、鬱蒼と枝を広げたプラタナス（正しくはスズカケノキ）やアグノスが繁る木陰に腰を下ろした。二人の対話は、心地よい花の香りと蝉の鳴き声に包まれていた。ソフォクレスの『コロノスのオイディプス』では、市壁北西のコロノスの聖なる森が舞台となっている。盲目のオイディプスが娘のアンティゴネに手を引かれてたどり着いたその地には、桂、オリーブ、葡萄の木が繁り、ナイティンゲールが飛び交って、美しい声を響かせていた。

アッティカの主要な植物は、神話によって特定の神格と結び付けられていた。アッティカの領有を巡ってポセイドンと争ったアテナは、最初にオリーブの木をアクロポリスに植えたとされる。ディオニュソスはペンテリコン山北麓に到来し、その地のイカリオスに葡萄の木と醸造の術を授けた。一方、デメテルはアテナイの西方エレウシスに到来し、アテナイ人に小麦を授けたという。デメテルがアッティカにイチジクの苗木をもたらした、とする伝承もある。

「コキンメフクロウをアテナイに連れてくる」とは、「余計なことをする」という意味の表現である。フクロウの仲間では小さな種類のコキンメフクロウ（学名*Athene noctua*）はアテナイに多く生息し、アテナ女神の使いとされていた。その姿はΑΘΕの三文字とともに、アテナイの銀貨の裏面に刻まれている（コラム11「度量衡・貨幣」参照）。蛇はアスクレピオス神の聖なる生き物とされているが、アテナイのアクロポリスには大蛇が守護者として神域内に棲息していると信じられ、毎月蜂蜜入りの菓子が供えられていたという。ちなみに、アッティカのヒュメットス山のタイムから作られる蜂蜜は古来有名であり、現在も養蜂が行われている。アッティカの質の良いタイムはローマ時代にも最高の評価を受けており、ローマへと輸出されていた。

▲現代のアゴラ遺跡で撮影した蝶（ヨーロッパタイマイ）。（撮影：齋藤）

▲アクロポリス斜面に咲くアーモンド。(撮影：竹内)

◀アテナ女神とポセイドン。前者をフクロウと蛇が、後者を三つ叉の矛と海獣が象徴する。(前360年頃。パリ、ルーブル美術館)

▼ケラメイコス地区の生き物たち。1 アマツバメ、2 イワツバメ、3 ハイイロウタイムシクイ、4 ツバメ、5 イエスズメ、6 カササギ、7 ヨーロッパアブラコウモリ、8 ヘルマンリクガメ、9 フチゾリリクガメ、10 ミドリヒキガエル、11 カダヤシ、12 ハリネズミ、13 クロガシラムシクイ、14 クロウタドリ、15 ムナフヒタキ、16 シラコバト。(E. Kypraiou (ed.), *The River Eridanos of Ancient Athens*, Athens, 2000 より)

3 食事・料理

古代ギリシアの食事はどのようなものであったのだろうか。また、公私における食事の機会はどのような意味を持っていたのだろうか。古代の食事や料理については、紀元後二〇〇年頃に活躍したアテナイオスの『食卓の賢人たち』が、その社会的、宗教的、文化的側面に関する貴重な情報源となっている。これを手がかりとしながら、食材（肉、魚、野菜）や料理、食事のあり方について見ていこう。

肉料理に使われる動物は、豚、羊、山羊、鶏などの家畜がほとんどであり、アッティカでは牛は不足していた。アヒル、ガチョウ、ハトなどの鳥やウサギ、シカ、イノシシといった野生の動物が料理に用いられることは少なかった。今日のような冷蔵技術はなかったため、肉はすぐに消費されるか、塩漬けや燻製、乾燥、腸詰めなどによって保存された。豚肉は別として、たいていの肉は身が固く締まっているため、まず柔らかくなるまで茹でられ、それからオーブンやフライパンで焼かれた。

ギリシア世界において、肉を食べることは供犠への参加と密接に結びついていた。犠牲式では、牛、豚、羊、山羊などの家畜が屠殺され、供犠に参加した人々の間で分かち合われた。多くの家畜の骨が聖域から見つかって

▲犠牲に捧げられた子牛のペア（上）と雌雄の豚（下）の大理石像。（前4世紀後半。ロンドン、大英博物館。撮影：竹内）

いるが、肉は家に持ち帰って消費することもあり得たようだ。例えば、アッティカ南東部のトリコス区の供犠暦は、肉を売却するように定めている。変形部分や傷のある動物および鋤《すき》や荷車を引く牛は、犠牲に捧げることが許されなかった。

アテナイオスの『食卓の賢人たち』第七巻は、魚に関する情報が満載である。カツオ、ベラ、エイ、アンコウ、カタクチイワシ、ヒラメ、アナゴ、ウナギ—特にボイオティア地方のコパイス湖のウナギは有名だった—、カサゴ、シマアジ、灰色ハゼ、マグロ、ニシン、スズキ、ボラ、タコ、カマス、イワシ、ウツボなどが言及される。アテナイではイワシが一般的で、中心市近郊のファレロン港では小魚がよく獲れた。サバ、チョウザメ、マグロ、タイ、ボラなどの魚は黒海地域から輸入されていたようだ。魚介類の多くは焼くか茹でるかされたが、魚も肉と同様に日持ちしなかったため、塩漬けにするか発酵させて保存することが広く行われた。

野菜ではキャベツ、アスパラガス、ニンジン、カブ、キュウリ、カボチャ、チコリ、セロリ、アーティチョークなどが知られており、タマネギ、ガーリック、オリーブも日常的に食された。アッティカは前五世紀にはオリーブの木で有名となっており、大パンアテナイア祭では運動競技や騎馬競技の勝者にアッティカ産のオリーブ油の入った「パンアテナイア祭アンフォラ」が賞品として授与された。また、アリストファネスの『騎士』の中で「わたしは皆に抜け駆けして、アゴラにあるコリアンダとタマネギをかたっぱしから買い占めていきました。それから困っている評議員たちに、イワシの添え物としてそれらをただで配ってやり、恩を売りました」（六七六〜六七九）とあるように、タマネギや香草は魚のつまとして食された。果物としてはブドウ、イチジク、リンゴ、ナシ、ナツメヤシが一般的で、ナッツ類にはアーモンド、クルミ、ヘーゼルナッツ、クリなどがあった。もちろん、今日のアテネの青空市場でよく見られるようなジャガイモ、トマト、柑橘類、バナナなどは古代ギリシアにはなかった。

食事の基本は、穀物、豆、オリーブ油、葡萄酒であった。アテナイ人は日に二回、軽い昼食（アリストン）とメインの夕食（デイプノン）をとった。貧しい者は主にパン、スープ、粥、魚の塩漬け、卵、青野菜などを食べた。パンが基本的な食べ物であり、穀物が一日に必要なカロリーの七〇パーセントを供給したという。アテナイは穀物を自給できなかったため、その大部分を輸入に頼っていた。

大麦粉から作られるパンケーキはマザ、小麦粉から作られる白パンはアルトスと呼ばれた。大麦の方が多く採れるためアルトスは貴重であり、食するのはもっぱら富裕者に限られ、一般の人々には祭儀のときにのみ提供された。パンは蜂蜜やチーズ、オリーブ油とともに食された。なお、チーズは牛ではなく、羊と山羊のミルクから作られ、牛乳は一般的

▲魚が描かれた皿。（前350～前325年頃。ニューヨーク、メトロポリタン美術館）

▼アテナ女神財務官の会計報告碑文。オリーブの木をはさんでアテナ女神とおそらくエレクテウスが立っている。木には本来、葉が描かれていたという。（前410/9年。パリ、ルーブル美術館）

な飲み物ではなかった。

　食生活における塩の重要性は古代から知られており、アッティカやメガラ、エウボイアなどに製塩所があったという。砂糖の代わりに蜂蜜や干しイチジクが用いられ、アッティカのヒュメットス山で採れた蜂蜜は古来有名であった。

　葡萄酒に関する記録はミュケナイ時代のクレタから確認され、ホメロスの叙事詩において葡萄酒はすでに一般的な飲み物となっている。前古典期には葡萄栽培が東地中海に広まり、タソス、キオス、レスボス、ロドス、サモスといった島々の葡萄酒が有名となった。葡萄酒はアンフォラに入れて運ばれたが、その取っ手には商人と生産地の名が刻印された。葡萄酒はたいてい水で割って飲まれ、その割合は酒一に対し、水二ないし三であった。夏場は冷やしたものが好まれ、冬はお湯で割っていたようだ。葡萄酒には赤も白もあったが、赤の方が大量に生産・消費された。

　古典期ギリシアで料理人を指す言葉はマゲイロスであり、アテナイオスは有名な料理人を伝えている。ロドスのアギスはただ一人、魚を完璧に焼き、キオスのネレウスは神々のためにアナゴを煮て、アテナイのカリアデスは白いトリオン（小麦粉を卵と牛乳、蜂蜜、チーズなどとこねてイチジクの葉でくるんだもの）を得意料理とし、ラムプリアスは黒粥（スパルタの伝統的な粥）を最初に作り、アフトネトスはソーセージ、エウテュノスは豆スープを考案したという。

　シンポジウムの語源であるシュンポシオンは元来「一緒に飲むこと」を意味し、個人の

▲今日の食事風景。豚肉の串焼きとパン、キャベツとニンジンのサラダ、松ヤニ入りのレッツィーナワイン。（撮影：竹内）

▲パンを練る女性（奴隷）たち。左手の人物は笛を鳴らしてリズムを取っている。テーバイ出土。（前525～前475年頃。パリ、ルーブル美術館）
▼パン焼き竈の前の女性。タナグラ出土。（前5世紀初め。パリ、ルーブル美術館）

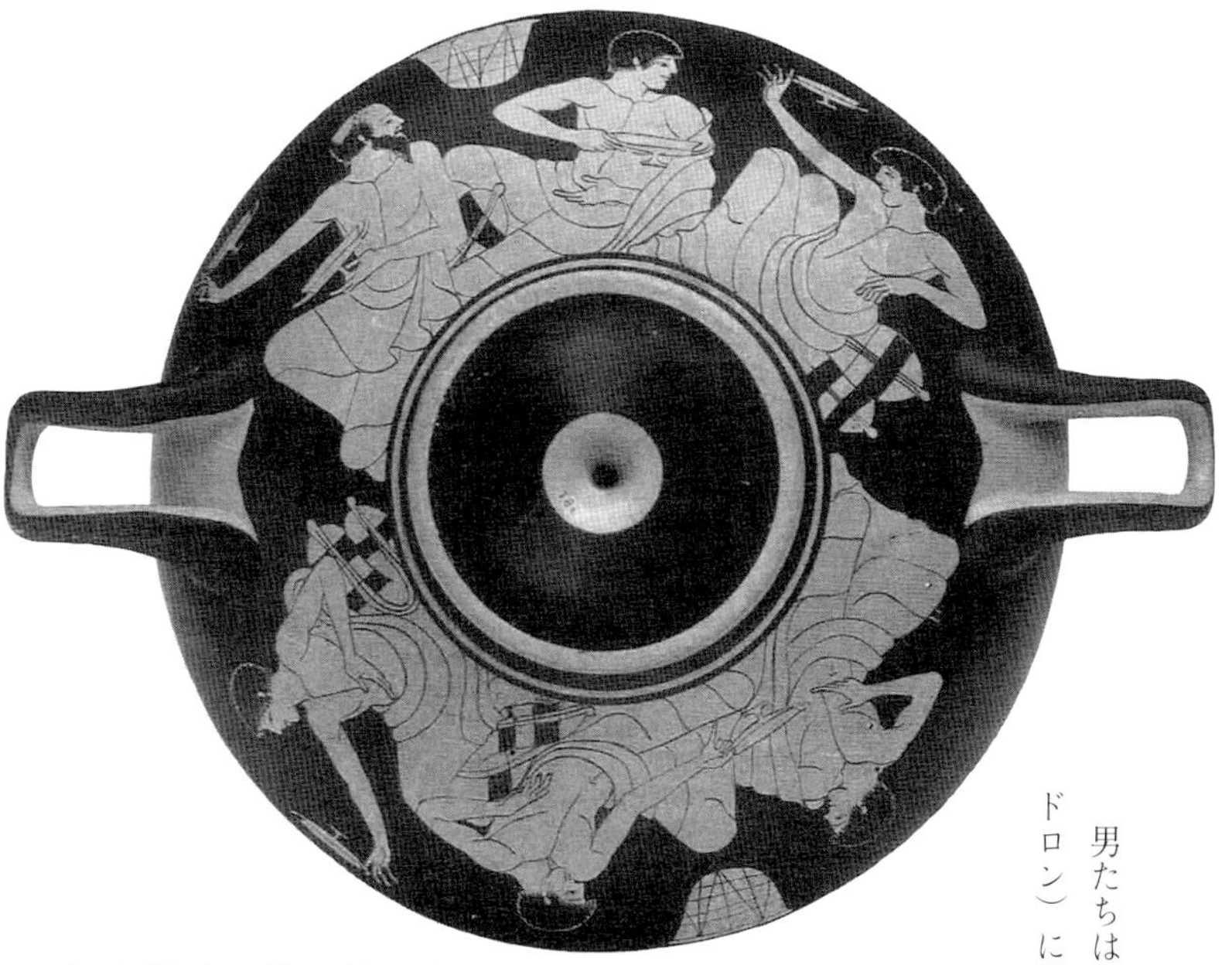

▲シュンポシオンの様子。（前480年頃。アテネ、キクラデス博物館）

私的な宴会に客が招かれ、食後に飲酒をすることを指す。プラトンの『饗宴（シュンポシオン）』の一節から、その実状を窺うことができる。

　ソクラテスは席に横になり、他の人たちとともに食事をしたが、それが済むと彼らは注酒の儀を執り行い、神への讃歌を歌ったり、そのほか習わしとされている一連の行事をやり終えて、それから酒盛りということになった。…今しがた入ってきた笛吹き娘は引きとらせて、…他方、われわれの方は、今日のところは言論を通じて互いに親しく交わることにしよう。

（プラトン『饗宴』一七六A‐E）

男たちはシュンポシオン用の男部屋（アンドロン）に配された長椅子に寝そべり、片肘をついて、空いている方の手を使ってテーブルから食べ物を取った。ただし、食事よりも飲酒に重点が置かれ、そこでは会話を楽しみ、音楽を聴き、コッタボス遊びに興じた。市民女性は、原則的にシュンポシオンから排除された。

　一方、公的に提供される食事もあった。アテナイでは、アクロポリスの東麓に位置したと推定されているプリュタネイオンが女神ヘスティアの聖なる竈に火を灯し続け、外国の使節を歓待するなど国家の迎賓館として機能していた。アテナイ市民も使節としての役目を果たして帰国した際に、一日だけプリュタネイオンで食事をすることができた。さらに、ポリスに対して特別な貢献をした者には、このプリュタネイオンで生涯食事を提供される栄誉（シテシス）が賦与された。なかでも、「僭主殺し」として顕彰されたハルモディオスとアリストゲイトンの子孫や、オリュンピア祭などの全ギリシア的な競技会における優勝者たちがこの恩恵を受けた。

　アテナイの五〇〇人評議会は各部族五〇人ずつの一〇グループに分かれ、それぞれが持ち回りで常任執行委員会とも言うべき役割を果たした。これを当番評議員（プリュタネイス）というが、彼らはその職務上、アゴラにある円形堂（トロス）に寝泊まりしなければならず、ここでの食事の費用は国家から支給された。また、アテナイの公共奉仕の一つに部族歓待奉仕（ヘスティアシス）があり、中心市で開催されるパンアテナイア祭や大ディオニュシア祭のときに、各部族から一人ずつ、計一〇名の富裕者が市民に対する食事の提供を負担した。

　スパルタやクレタ島の諸都市では、市民全員が毎日共同で食事を取る義務があり、前者ではシュッシティオン、後者ではアンドレイオンと呼ばれた。スパルタでは各人の寄付に拠ったが、クレタでは公費でまかなわれたという。

4 宗教

古代ギリシアの遺跡の多くは宗教に関わるものである。神殿や神の図像、あるいは聖域など、宗教に関わるものは数多い。以下、宗教が彼らにとってどのような経験であるのかを考えてみよう。本節では、ギリシア宗教の特徴をまとめる。

(1) 多神教であること

よく知られているように、ギリシアに神の数は多い。ギリシア神話に現れる神は無限であるように見える。それを数え上げた人によれば名前だけで三六七三の神が現れると言う。この他に「〜の五〇人の娘」など名前が現れない神がいるから、その数はもう少し大きくなる。それらはすべて一つの系統図の中に——ただし、不正確なものがあるから、「唯一の」と言うことはできないけれど——表すことができる。主要な神はオリュンポスに住まいするとされる一二神で、ゼウス、ヘラ、アテナ、アポロン、アルテミス、ポセイドン、アフロディテ、ヘルメス、ヘファイストス、アレス、デメテル、ディオニュソスである。神たちはそれぞれ得意分野を持ち、祈る者はそれを考慮してどの神に頼るかを決める。それでも迷うことはあり、ドドナの神託を伺う者の質問に「妻から良き子を得るにはどの神に近づく

▲オリュンポス12神。パルテノン神殿のフリーズにはアテナ女神の祝祭行列を見守る12神が彫刻されている。東面にある12神が平面的に並べられているのではなく、半円状に座っている状態を彫ったものであるとの考えに基づきその模型を作って並べたもの。フリーズの場所および神殿の構造については以下の図参照。（撮影：Rui Nakamura）

▶神殿の装飾部。神殿で彫刻や絵画で装飾されたのは、屋根と水平の梁の間の破風部分と水平部分の一部を形成するメトープ、部屋の壁面の一部であるフリーズであった。（J.Boardman, *The Parthenon and its Sculptures*, London, 1985 より）

▼神殿の構造。神殿は長方形で列柱廊が部屋の周りを取り囲んでいる。部屋は3つに分かれ、神室（ナオス）に神像が安置される。（中村るい『ギリシャ美術入門』三元社、2017年 より）

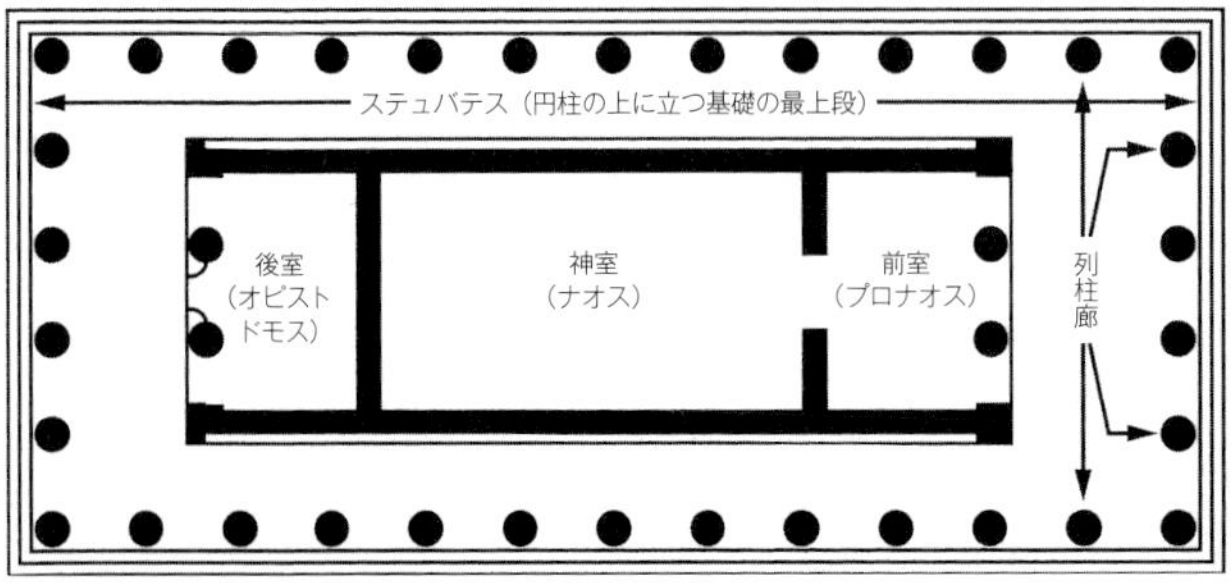

べきか」といったものが見られる。主要神は他より大きな力を持つと考えられるが、さまざまな役割を与えられて添え名をつけて区別されることもある。「都市のゼウス」「外人のためのゼウス」といった如くで、それぞれのゼウスに別の日に捧げ物を捧げた。ある村で崇拝されるゼウスは隣の村で崇拝されるゼウスとは別の神だと考えられていた。

神は人間と同じ姿形をし、人間と同じような行動をとるが、人間の食物は食べず、年をとることはなく不死であると考えられた。人間は「一日だけの生きもの」に過ぎず、永遠に生きる神とは異なっていた。しかし、人間でも超人的業績を上げた者は神に近い存在であり、神につながる出自をもっていると考えられた。それが「英雄」であり、英雄も神同様に祀られた。最大の英雄はヘラクレスで、ギリシア各地で崇拝されたが、その他の多くの英雄はその英雄に関係する土地や人々によって祀られ、その及ぼす力も局地的だと考えられた。

(2) 素人宗教であること

ギリシア宗教として統一された神学体系があるわけではなく、教会組織があるわけでもなかった。ホメロスやヘシオドスの語る神に関わる話は広く浸透して、共通の理解はある程度存在したが、統一教義があるわけではなかった。宗教上のことを決めるのは専門家ではなく、結局素人である一般人であった。家のことであれば家長たる父が、ポリスのことならポリスの支配者が―民主政下であれば民会が、独裁政権下なら独裁者が―決定権を持った。神事解釈者（エクセゲテス）という、宗教上のことを相談する存在はあったが、その助言を聞くか聞かないかは個人の自由であった。各神には神官団があったが、神官職は世襲されるいくつかの例外はあるとしても、多くは籤《くじ》によって任命され任期は一年ないし六カ月といった、その他の役人と変わらない者たちであった。結局、宗教上の専門家は予言者（マンティス）ということになるが、それについ

▲ベンディス神への奉納碑。ベンディス神が人間の崇拝者よりも大きく描かれている。このトラキアの神がアテナイのアルテミス神の影響を強く受けていることが分かる。ベンディス神の神域のあったペイライエウスで発見された。（前400～前375年頃。ロンドン、大英博物館。撮影：竹内）

ては別に語ろう。

この素人性のため、ギリシア宗教は非常に開放的であり、新たな神を受け入れることも容易に行われた。前五世紀末にアテナイではトラキアの女神ベンディスや、エピダウロスの医術神アスクレピオスなどを受け入れている。また、ポリスによって解釈の違いが現れることはごく普通であり、例えば、アナクサゴラスは瀆神罪でアテナイから追われたが、ランプサコスでは歓迎され尊敬された。

(3) 宗教的行為の中心が儀式であること

神を認めることは、その神に対する儀式を行うことであり、心の中に神を思って祈りを捧げるといった個人的、内省的なことではなかった。敬神とは、神に対する定まった儀式をきちんと行うことだった。最大の儀式は神を祀って行われる祭である。アテナイでは大小のものをあわせて年に一五〇日は何らかの祭が行われた（次項参照）。祭にはさまざまな競技会や行列が伴うことが多く、犠牲が捧げられるのが普通だった。犠牲は牛や羊、山羊などの動物のほか、焼き菓子や穀物などが捧げられた。神の住まうところや神の性格によって犠牲を捧げるやり方は異なるが、オリュンポスの神々への場合つぎのようにするのが一般だった。まず、犠牲獣をきれいに装わせ、行列を組んで連れて行く。その地に水と大麦（菓子）を撒くことによって犠牲式が開始される。神官は動物の前髪をいくらか切った後、頭を後ろにそらすようにさせて喉を切る。この瞬間女性の参加者たちは高く鋭い叫び声（オロリュゲ）を発する。流れる血は容器に集められ、祭壇に塗られる。動物は皮を剝がれ解体される。内臓はそれぞれ串に刺されて焼かれ、肉も焼かれる。神はその煙を食べ、残った焼かれた肉は人間たちが食べることになる。かくて祭は宴会となって楽しみの

▲犠牲式への行進。犠牲に捧げる牛を祭壇に連れて来る。神の像の前にニケ神と神（あるいは神官）が立って用意を整えている。（前5世紀）
▼右：ニケ神が犠牲となる牛の上に膝をのせ、犠牲獣の頭を上げて喉を切ろうとしている。ニケ神が右手に持っている武器は見えない。（前3世紀初め。アテネ、国立考古学博物館）
▼左：犠牲式の準備。ニケ神が犠牲に捧げる牛にリボンをかけ、ヘラクレス神（？）が犠牲獣の上で短刀を持っている。右の女性は注酒用の皿とワインを入れた容器を持っている。（前4世紀半ば。ロンドン、大英博物館）

うちに幕を閉じることとなる。

こうした犠牲式は神に感謝を示し、恩寵を祈願する行為であったが、その際祈願者と神との間には「ドー・ウット・デース*do ut des*」の関係があったとされる。これは「あなたが与えてくれるように私は与える」の意で、神であれ恩寵を与えてくれないなら、こちらも捧げ物を捧げないとの考えを示している。神は無条件に尊重する存在ではなく、恩恵を与えてくれるかぎりで尊重する存在だった。また、犠牲式は神に近づく儀式として、その他のことにも応用されることとなった。殺人者を浄める場合や誓いを崇高にする場合などに使われたし、とりわけ予兆を知るために用いられた。戦いの前や行軍の前に動物を屠って予兆を占うことは、クセノフォンの著作の中などに多く現れる。軍隊はそのために羊などの動物を多く連れて移動した。

▲犠牲獣を焼く。血塗られた祭壇には火が焚かれ、その上で犠牲獣の肉が長い鉄串の先で焼かれている。髭の人物（神官？）の持っているものは同定しがたいが、麦菓子かもしれない。右の若い男はワインを入れた容器を持ち、カヌンと呼ばれるバスケットを持っている。右の月桂樹の枝を持った人物はこの犠牲獣が捧げられているアポロン神と考えられる。（前5世紀末。パリ、ルーブル美術館）

▼家の中での宗教儀式。ポリスだけでなく家族で家族のための神に犠牲を捧げたり、贈り物を捧げることもよくあった。ここでは左側にある家の戸から出てそばにある右側の祭壇に捧げ物を持って行く女性が描かれている。（前470年頃。パリ、ルーブル美術館）

(4) 社会の中に埋め込まれた宗教であること

宗教は日常生活の中に入り込んでいて、聖と俗との区別が曖昧であった。小さな宴会の際にも神への注酒の儀式が行われるのが普通だったし、日常の夢やくしゃみや鳥の動きの中にも神の意向を読み取ろうとした。何か驚いたり、願ったりするときに「おお、神よ！」と言ったし、将来のことについては「神が妨げぬかぎり」とか「神が同意するなら」という留保をつけて言い、肯定も否定も「神にかけて」と強調した。誕生、成人、結婚など人生の節目節目に神に捧げ物をして祈り、神とともに成長した。政治において政教分離など考えようもなく、いつも政治と宗教は一体化していた。先にも述べたように年に一五〇日は祭の日であったし、その他に個人や家族のための祈願や予兆を知るための犠牲式があったから、アテナイの町を歩けばどこからか犠牲を焼く、神に捧げる香りがただよってきたに違いない。神はつねに身近にあり、神の怒りを招かぬよう行動することが大事だった。神を怒らせる行為はポリス全体に災厄をもたらす可能性があり、それゆえ市民の誰もが訴えることができる、公訴（グラフェー）に分類される、重大犯罪であった。

Column_⑮

ギリシア神話

古代ギリシア人は、キリスト教の聖書やイスラム教のコーランのような核となる教典を持たなかったから、その役割を無数の神話が担うこととなった。それは、神々や英雄、空想上の生き物たちが織りなす物語であった。人々は、現実の過去として神話を語り、また神々の系譜に連なるものとしてその出自を神話によって主張した。

ギリシア宗教研究の大家ヴァルター・ブルケルトは、「神話とは集合体にとって重要な意味を持って伝承されてきた物語」と捉えた。もともと口承で伝えられてきた物語が、次第に書き記されるようになり、詩や演劇などのモチーフとなって、繰り返し参照された。口承であったがゆえに、同じ物語にいくつもの異なるバージョンが存在し、時には相反するものすらある。神話はすべてのギリシア人の共有財産でありながら、地域色も強かった。それぞれの共同体は独自の物語を作り出し、広めたのである。神話は、神々との関わりによって、ギリシア人たちが周辺世界と彼らの居場所を定める助けともなった。

アテナイのアクロポリスに建てられたパルテノン神殿の西側ペディメント（破風）には、アテナ女神とポセイド

▶神話上のアテナイ王テセウスのミノタウロス退治。（前530年頃。ニューヨーク、メトロポリタン美術館）

ンがアッティカの領有をめぐって争った神話が表現されていた。複数の物語が伝わるが、アッティカの初代の王ケクロプスがアテナ女神を支持したという伝承は、アテナ女神とアテナイ人によるアッティカ領有に権威を与えていた。この神話はアッティカの陶器画を通じて広く知られていたであろうし、ローマ時代のアテナイの硬貨にもその痕跡が残されている。

なお、アッティカでは、ポリス以外にもトリコス、エルキア、マラトンといった区が供犠暦を石に刻んでおり、このような碑文史料からも日々の供犠や祭儀において崇拝の対象となったローカルなパンテオン―すべての神々、神々の体系―の世界を垣間見ることができる。

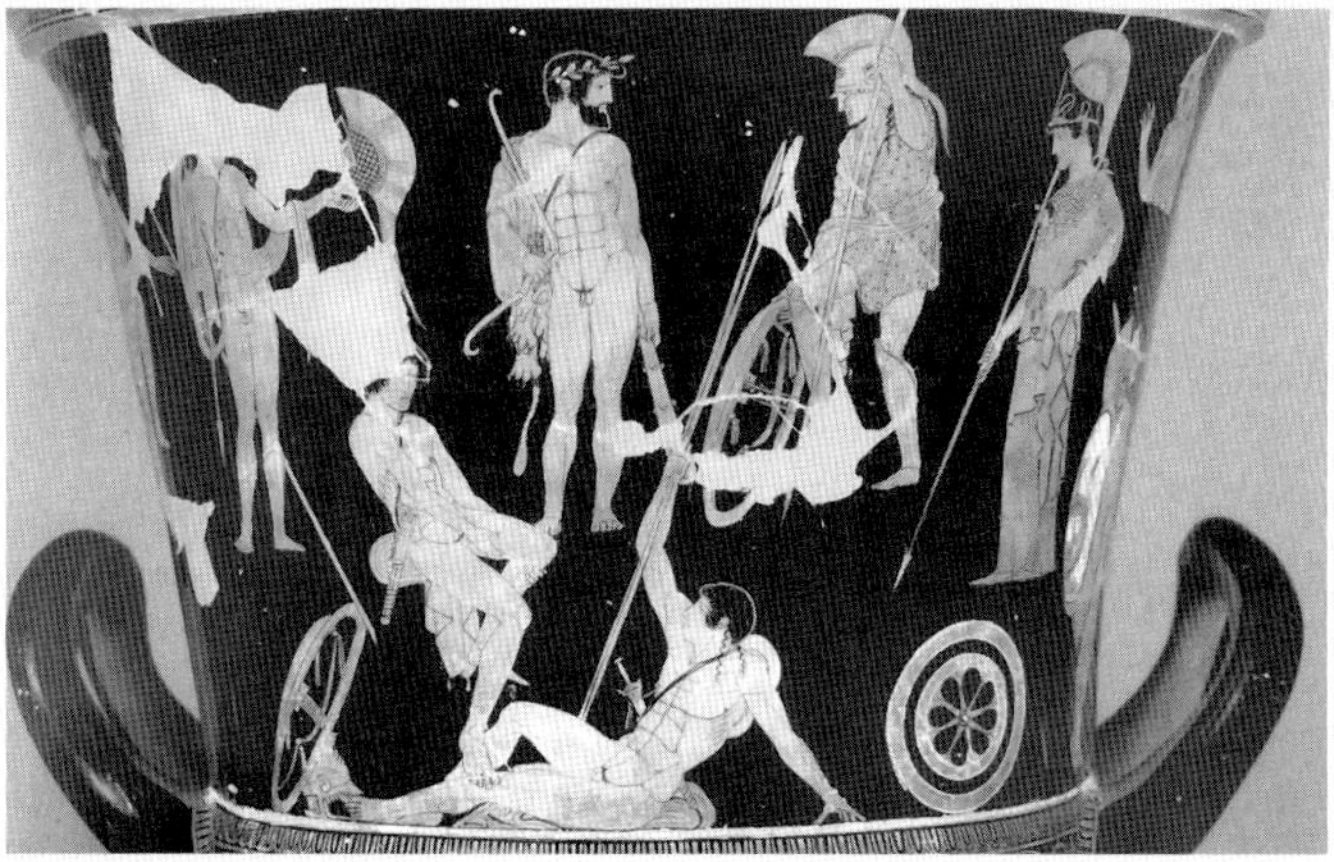

▲英雄や神話上の人物に囲まれるヘラクレス。右手のアテナ女神がそれを見守る。（前460年頃〜前450年頃。パリ、ルーブル美術館）

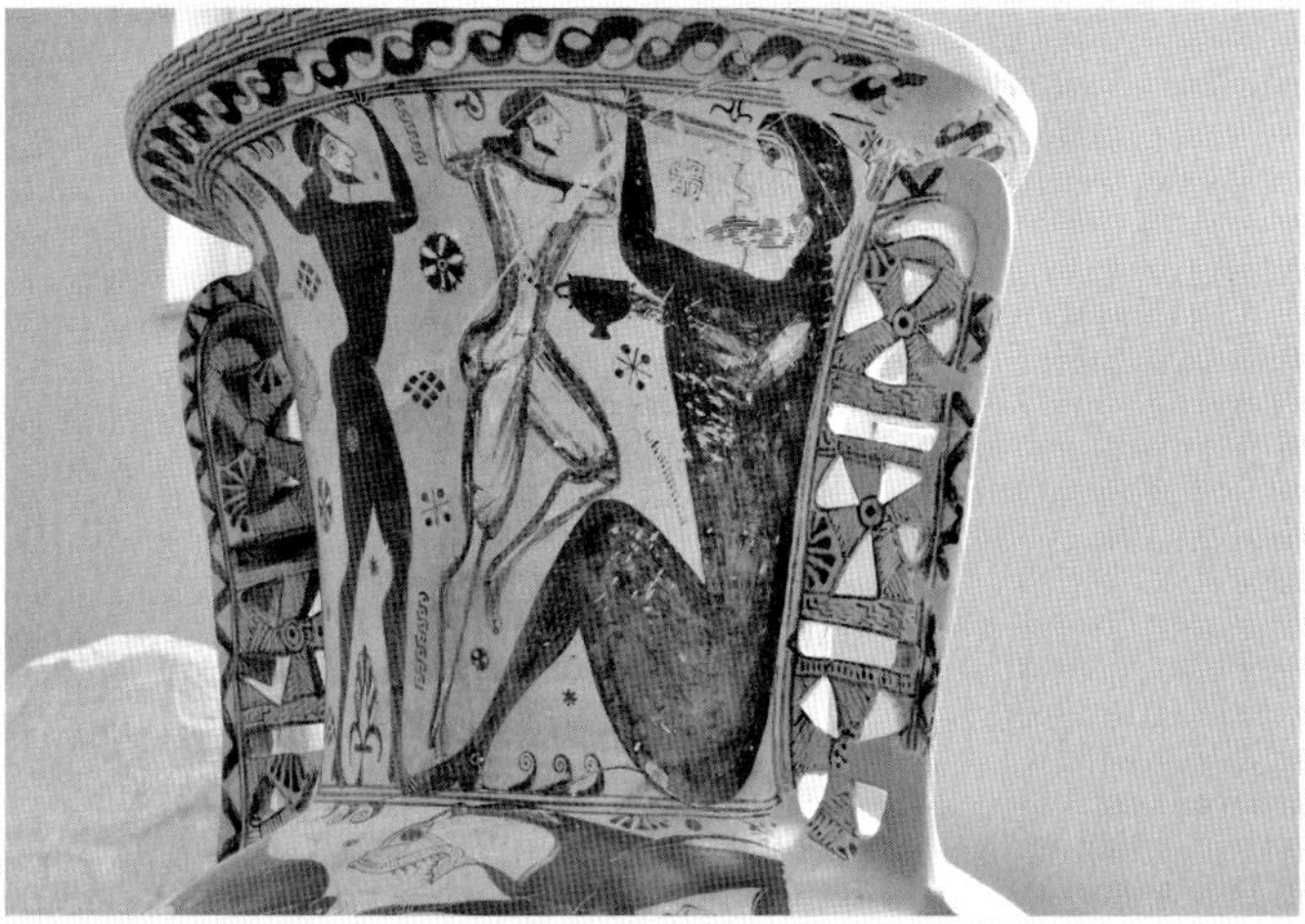

◀エレウシス出土プロト・アッティカ式アンフォラ頸部。オデュッセウスと2人の従者がキュクロプスの目を突き刺す。ホメロス『オデュッセイア』第9歌の一場面。（前670年頃〜前650年頃。エレウシス考古学博物館。撮影：竹内）

▼アテナとポセイドンのアッティカ領有争いをモチーフとしたパルテノン西側ペディメントの復元模型。（アテネ、新アクロポリス博物館）

4月	5月	6月
ムニキオン	タルゲリオン	スキロフォリオン
新月祭	新月祭	新月祭
(アガトス=ダイモン)	(アガトス=ダイモン)	(アガトス=ダイモン)
(アテナ)	(アテナ)	(アテナ)
(ヘラクレス・ヘルメス・アフロディテ・エロス)	(ヘラクレス・ヘルメス・アフロディテ・エロス)	(ヘラクレス・ヘルメス・アフロディテ・エロス)
デルフィニア祭(アルテミス)	(アルテミス)	(アルテミス)
(アポロン)	タルゲリア祭(アポロン)	(アポロン)
(ポセイドン・テセウス)	(ポセイドン・テセウス)	(ポセイドン・テセウス)
		スキラ祭(アテナ)
		ディポリエイア祭(ゼウス)
ムニキア祭(アルテミス)		
オリュンピエイア祭(ゼウス)	ベンディディア祭(ベンディス)	
	プリュンテリア祭(アテナ)	
	カリュンテリア祭(アテナ)	

(作成:髙畠)

5 祭、予言、医術・呪術

先項で述べたような特徴をもつギリシア宗教は、個人にはどのような経験をもたらすだろうか。以下、三つに分けて見てみよう。

(1) 祭

どの祭がどの月の何日にあったかを正確に知ることは難しいが、主要な研究をもとに各月の祭の日を表の形で表したのが図である。これで一五〇日以上が祭の日となっている。この他にも知られない祭があったかもしれない。月の初めは新月祭と、定まった神の日になっており、いわば定例の儀式が続く。このうちボエドロミオン月六日は、実際の戦いの日でないことが明らかだが、マラトンの戦いと結びつけられており、特別の儀式がアルテミスに対し行われ、多くの牝山羊が犠牲に捧げられる。ムニキオン月六日は、アポロンとアルテミスとが祀られる市内南東のデルフィニオンに向かう少女たちの行列が組まれる。タルゲリオン月七日はタルゲリア祭で、あらゆる種類の穀物と野菜を煮込んだ捧げ物をアポロン神に捧げる。これからの作物の生長を祈願する意味があった。

一方、数日続く大きな祭は、月の半ばに行われることが多い。ただし、アテナイ最大の祭であるパンアテナイア祭は、最初の月ヘカトンバイオン月の下旬に開かれた。この祭については第1章で言及したが、四年に一回開かれる大祭は特に規模も大きく華やかだった。アクロポリスのアテナ女神像に捧げる新しい着物（ペプロス）を運ぶ大行列には、アテナイに住む市民、在留外人のみならず、同盟国の代表も参加した。さまざまな競技会も開かれ、勝者にはアッティカの聖なるオリーブの木から作ったオリーブ油が与えられた。この祭の疲れからか、定例のもの以外ほとんど何もない翌月を越えて、まだ暑さの残るボエドロミオン一五日から秘儀祭（大秘儀）が始まる。これにはアテナイ以外からもエレウシスの秘儀に与ろうとする者が多く集まった。アンテステリオン月の小秘儀（ディアシア祭）に参加している必要があったともされるが、詳細は分からない。初めて秘儀に参加する者と経験者とは区別され、浄めや断食を経て一九日にエレウシスまでの行列が出発する。独特の叫び声を発しながら進む行列は見る者にも参加する者にも強い印象を与えたに違いない。エレウシスで再び断食を繰り返し、二一日の夜に秘儀所（テレステリオン）に入り、秘儀に参加することになる。秘密の儀式である秘儀の詳細は分からない。

秋風の立ち始めたピュアネプシオン月一一日に始まるテスモフォリア祭は女性のための祭である。アリストファネスの『女だけの祭』

アテナイの祭日一覧（カッコ内は祀られる神の名を示す）

現在の暦	7月	8月	9月	10月	11月	12月	1月	2月	3月
月の名 日にち	ヘカトンバイオン	メタゲイトニオン	ボエドロミオン	ピュアネプシオン	マイマクテリオン	ポセイデオン	ガメリオン	アンテステリオン	エラフェボリオン
1	新月祭	新月祭	新月祭	新月祭	新月祭	新月祭	新月祭	新月祭	新月祭
2	（アガトス＝ダイモン）	（アガトス＝ダイモン）	（アガトス＝ダイモン）	（アガトス＝ダイモン）	（アガトス＝ダイモン）	（アガトス＝ダイモン）	（アガトス＝ダイモン）	（アガトス＝ダイモン）	（アガトス＝ダイモン）
3	（アテナ）	（アテナ）	（アテナ）	（アテナ）	（アテナ）	（アテナ）	（アテナ）	（アテナ）	（アテナ）
4	（ヘラクレス・ヘルメス・アフロディテ・エロス）	（ヘラクレス・ヘルメス・アフロディテ・エロス）	（ヘラクレス・ヘルメス・アフロディテ・エロス）	（ヘラクレス・ヘルメス・アフロディテ・エロス）	（ヘラクレス・ヘルメス・アフロディテ・エロス）	（ヘラクレス・ヘルメス・アフロディテ・エロス）	（ヘラクレス・ヘルメス・アフロディテ・エロス）	（ヘラクレス・ヘルメス・アフロディテ・エロス）	（ヘラクレス・ヘルメス・アフロディテ・エロス）
5			ゲネシア祭（死者の祭）	プロエロシア祭（デメテル）					
6	（アルテミス）	（アルテミス）	マラトン戦勝記念日（アルテミス）	（アルテミス）	（アルテミス）	（アルテミス）	（アルテミス）	（アルテミス）	（アルテミス）
7	（アポロン）	（アポロン）	（アポロン）	ピュアネプシア祭（アポロン）	（アポロン）	（アポロン）	（アポロン）	（アポロン）	（アポロン）
8	（ポセイドン・テセウス）	（ポセイドン・テセウス）	（ポセイドン・テセウス）	テセイア祭（テセウス）・（ポセイドン）	（ポセイドン・テセウス）	（ポセイドン・テセウス）	（ポセイドン・テセウス）	（ポセイドン・テセウス）	（アスクレピオス）
9				ステニア祭（デメテル・ペルセフォネ）					
10									
11									
12	クロニア祭（クロノス）	民主政記念日？		テスモフォリア祭（デメテル・ペルセフォネ）				アンテステリア祭（ディオニュソス）	都市のディオニュシア祭（ディオニュソス）
13									
14									
15	シュノイキア前夜祭						レナイア祭（ディオニュソス）		
16	シュノイキア祭								
17									
18			秘儀祭（デメテル・ペルセフォネ）			田園のディオニュシア祭*（ディオニュソス）			
19				アパトゥリア祭*（ゼウス・アテナ）					
20									
21									
22									
23								ディアシア祭（ゼウス）	
24									
25									
26	パンアテナイア祭*（アテナ）					ハロア祭（ディオニュソス）			
27									
28									
29									
30				カルケイア祭（ヘファイストス・アテナ）					
不明日		キュノサルゲスのヘラクレイア祭（ヘラクレス）		オスコフォリア祭（ディオニュソス）ゲノス・サラミニオイによる祭、月初めのどこかで行われた	マイマクテリア祭（ゼウス）		ガメリア祭		パンディア祭（ゼウス）
					ポンパイア祭（ゼウス）				

*正確な日にちと期間はわからない、これは可能最大の期間

*フラトリアの祭、この月の中の3日間を各フラトリアが決めたと思われる

*区ごとに日にちが定められたものと思われる

と訳される喜劇は、原題は『テスモフォリア祭を祀る女たち(テスモフォリアズサイ)』で、この祭に紛れ込むことになったエウリピデスおよび彼の縁者と女たちとの話である。市民の女性たちは二泊三日をテスモフォリオンに泊まり込んで過ごす。三カ月半ほど前のスキラ祭で洞窟に埋めた、子豚や練り粉で作った蛇や男性器を掘り出して祭壇に据える。当然それらは腐っていたが、神聖なものと見なされた。このことと二日目の断食はよく知られているが、秘儀的性格のためその他の詳細を知ることはできない。同じくこの月に行われたアパトゥリア祭は、兄弟団(フラトリア)

▲祭列。祭壇の左には女神官とアテナ女神自身が待つ。犠牲獣、音楽隊、重装歩兵、騎兵と続く。(前6世紀半ば。私蔵品。E. Simon, *Festivals of Attica*, Madison 1983, 63, pls. 16.2, 17.2 より)

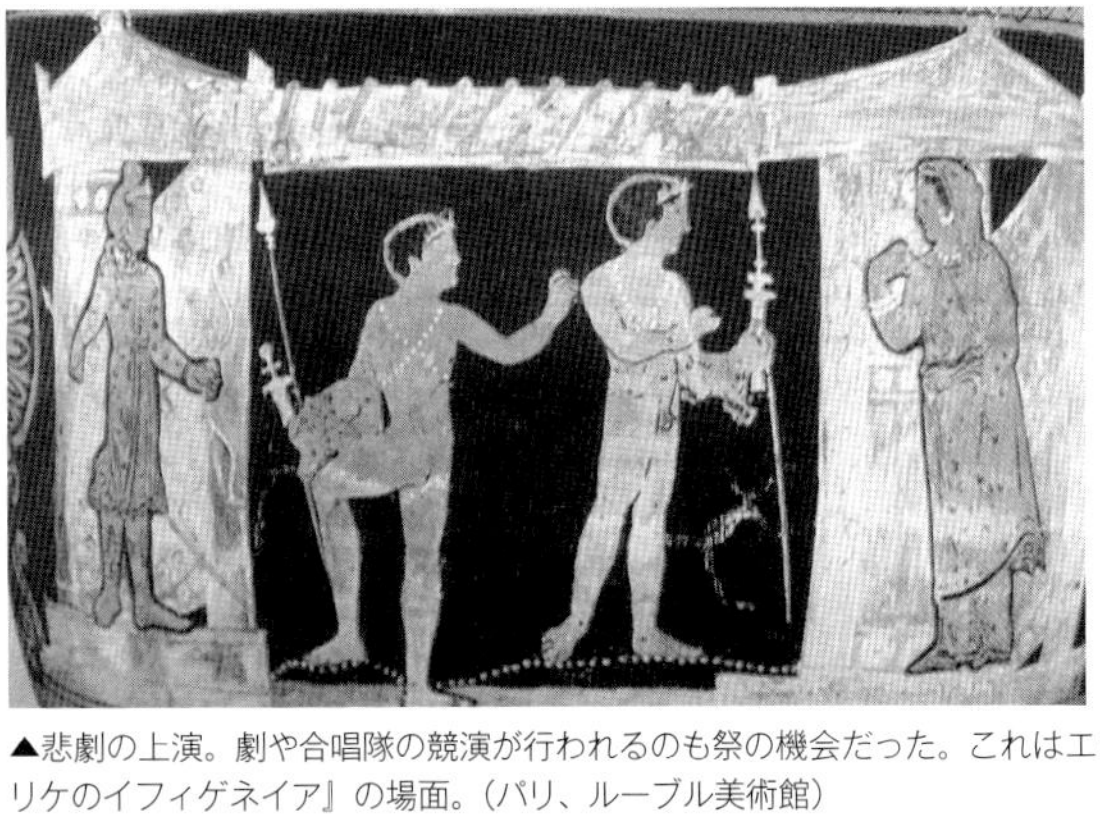

▲悲劇の上演。劇や合唱隊の競演が行われるのも祭の機会だった。これはエウリピデス『タウリケのイフィゲネイア』の場面。(パリ、ルーブル美術館)

▶レナイア祭の準備をする女たち。壺からワインを汲んで捧げ物の準備をしている。(前450〜前420年頃。ニューヨーク、メトロポリタン美術館)

の祭で、各兄弟団がこの月のうち適当な三日間を定めて祭が行われた。男の祭の性格が強く、一日目に皆が集まり、二日目に犠牲を捧げ、三日目には新しく生まれた男の子を団体に登録した。

冬の陰鬱な季節になると、ディオニュソスを祀る祭が続くことになる。田園のディオニュシア祭から始まり、レナイア祭、アンテステリア祭、さらに都市のディオニュシア祭へと連なっている。酒の神ディオニュソスの祭には酒宴とどんちゃん騒ぎがつきもので、しばしば社会的通念に反する装いが取られた。田園のディオニュシア祭は区（デーモス）が主催する祭で、日にちもそれぞれ異なっていた。重要なのは行列で、酒壺やブドウの蔦《つた》などのほか「男根」をかたどった像を運んだ。そして、悲劇や喜劇や合唱歌（ディテュランボス）が競演された。三カ月後に行われる都市の、つまりポリス全体のディオニュシア祭においても内容は同じでさらに大規模に行われた。パンアテナイア祭同様、多数の外人が参加し、多くの犠牲が捧げられた。酒も大量に振る舞われどんちゃん騒ぎが繰り広げられた。また、ディオニュソス劇場で行われる悲劇、喜劇の競演は市民以外にも多くの人間を引き付けた。これに対しレナイア祭は、市民にのみ開かれた祭で、在留外人も排除された。悲劇、喜劇の競演も行われたが、祭名は狂信的なディオニュソス神の女性崇拝者（レーネー）と関係があるとされ、真夜中に女たちのどんちゃん騒ぎが繰り広げられたと考えられる。アンテステリア祭はいくつかの要素が絡まっている。その名は「花」（アントス）に由来し、三歳の子供に花輪をかぶせたり、子供におもちゃをあげたり、子供の祭としての面があるし、花と共に春の到来を祝う面もある。秋に採れたブドウで作った酒が初めて開けられる、新酒の祝いの日でもあり、神に捧げられた後酒宴となる。奴隷もこの祭には加われた。二日目には飲み比べが行われる。五リットルほどの壺に入った酒を最初に飲み干したものが勝利し、革袋の賞品を手にする。最後の日について「悪鬼よ、立ち去れ、アンテステリアはもう終わった」という呼びかけが知られている。祭の間死者の霊が返ってきていると考えられていたらしい。また、この月の二三日に行われるディアシア祭はアテナイ最大のゼウスに対する祭で、ボエドロミオン月の大秘儀に対する小秘儀の意味も持っていた。

(2) 予言

古代ギリシアにおいて予言が非常に深く浸透していたことを示す証言は数多くある。ペロポネソス戦争においては、この戦争は二七年続くとの予言が多く語られたとトゥキュディデスは言っているし、イソクラテスの第一九番弁論では、問題となっている莫大な財産は、予言術をもって各地をめぐることによって故人一代で築き上げたものであることが語られている（九一頁参照）。親切な神々はさまざまな仕方で人間に予兆を示すのであり、予言術はその予兆を読み取る確固とした技術であった。例えば、ペルシア軍の侵攻に関してデルフォイの神託は「木の壁」によって救われる旨の託宣を下した。これの意味を解いたのはテミストクレスで、「木の壁」とはすなわち「船」のことであるとして開戦の準備を進め、サラミスの海戦で勝利したのであった。宗教的専門家でないテミストクレスの解釈が多くの人

▲ドドナの神託伺い。神の意見を知ろうと神託を求めることが広く行われた。デルフォイやドドナが有名で人々はこぞってそこに行き、神託を求めた。ドドナでは質問を書いた板が残っている。ヘルモンという男がクレタイアから今ある子に加えて子供を得るにはどの神に頼めばいいかを聞いている。（前6世紀末〜前5世紀初め。アテネ、新アクロポリス博物館　©Acropolis M.）

を説得したというこの著名な話から、アテナイ人の予言に対する微妙な思いを看取することができるだろう。神の告げる予兆は分かりにくいものであることを認めつつ、しかしそれは真実を示していると考え、正しい解釈を求めて全力を傾けるのである。予言者は専門家として尊重された。しかし、間違う可能性はつねに意識されていた。そして実際間違えたことが明らかになった場合は―例えば、シチリア遠征に希望を抱かせた予言者たちのように―、糾弾されることとなった。

(3) 医術・呪術

古典期アテナイにどのような医療が行われていたか、詳しいことは分からない。ホメロス以来の伝統的医療もあったろうし、ソフィストには医学的言及があるから、それに基づく医療も、ヒポクラテスの名のもとにまとめられることになる医療もあったであろう。しかし、その中に神による治療もあり、それにかけようとする者も多かった。例えば、アスクレピオス神の神殿に入って眠ることで治療されると考えられた。エピダウロスのアスクレピオス神の聖域から出た前四世紀末の碑文には、二〇の事例が刻まれている。一つだけ紹介しておこう。「手の指の一本を除いて全部に力が入らない男が嘆願者として神のもとに来た。聖地の板（に書かれた治療）を見て信じられず、書かれていることを冷笑した。中で眠り夢を見た。神殿の近くで骨さいころで遊びさいころを投げようとしていると、神が現れ手を掴み、指のところを伸ばしているように見えた。神が去ると、彼は手を曲げ指を一本ずつ伸ばそうとした。すべてがまっすぐになると神が彼に聞いた、『聖地の板に書かれていることをまだ信じないのか？』彼は『いいえ』と言った。神は『これまで信ずべきことを信じていなかったのだから、今後その者は「信じぬ者」という名前を持とう』。日がたつと健康になって彼は立ち去った」。

また、神ないし神に近いものの力を借りて他人に（悪い）影響を及ぼそうとすることも行われるようになった―前四世紀後半以降史料が現れ始める―。鉛板や人形に呪いを書いて墓などに置き、呪いが達成されることを願ったのである。

▲呪詛板。宗教的力を借りて狙う人物に（多くの場合「悪い」）影響を与えようとしてこうした鉛製の薄板が多く作られた。ここにはアレクサンドロス大王の後継者の1人でアテナイを支配したカッサンドロス、その手先となってアテナイを統治したデメトリオスの名前が書かれている。折られて墓などに置かれた。（前4世紀末。アテネ、ドイツ考古学研究所）

▼人体を模した奉納物。身体の悪い部分を捧げて治癒を祈ったり、治癒の感謝を示したと思われる。（古代コリント考古学博物館。撮影：齋藤）

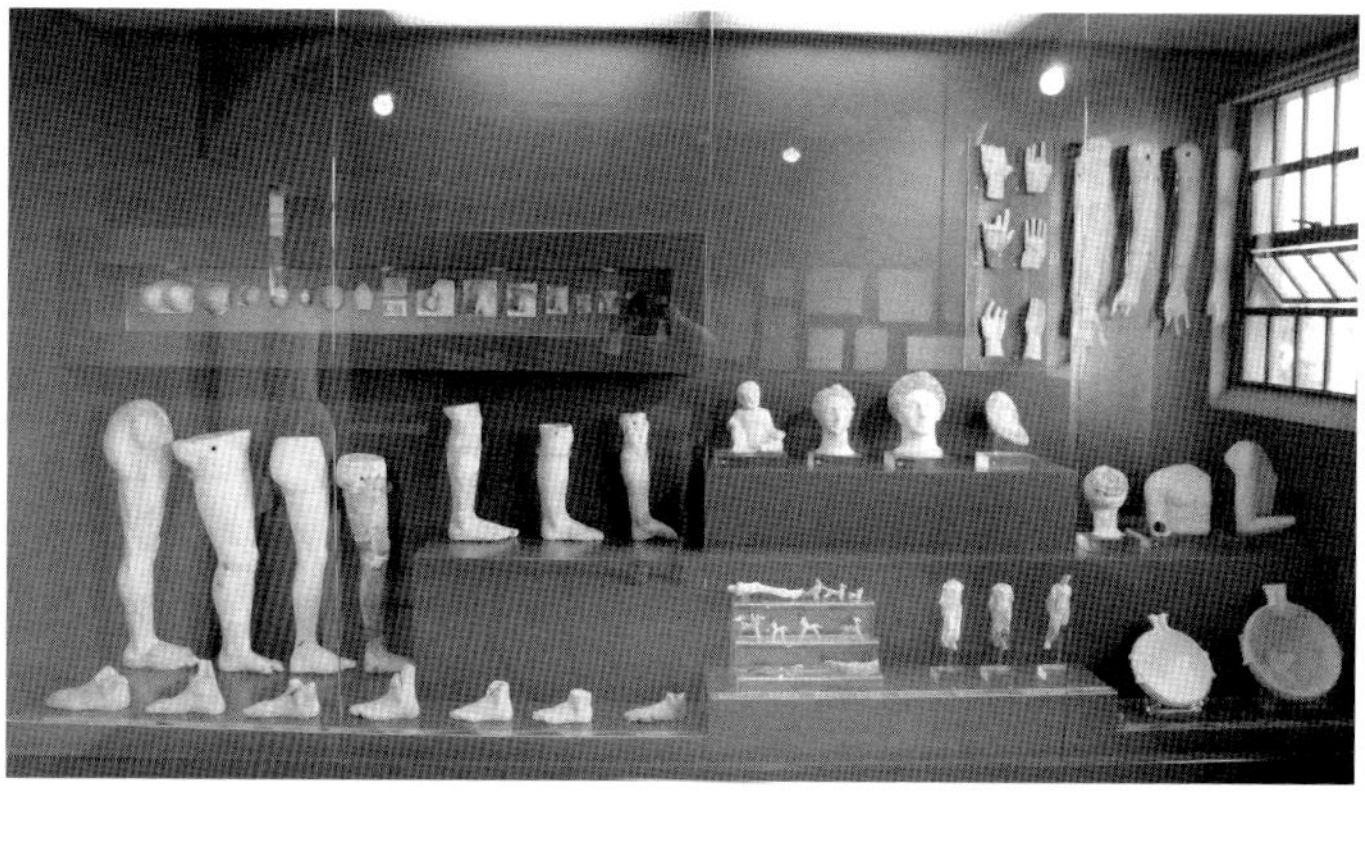

おわりに

本書の企画が生まれたのは、河原温・堀越宏一著『図説 中世ヨーロッパの暮らし』が出版されたときのことである。元同僚の堀越さんから一冊献呈され、あまりの美しさに感銘を受けて、古代ギリシアについてもこうした本を作りたいと思わず口走ってしまった。堀越さんはそれを聞き逃さず、河出書房新社へと話をつなげてくれ、私はたちまち本書を作ることになった。類書がほとんどない現在、そうしたものを作ることができるのは嬉しいことだったが、一体どれ程のことができるか不安でもあった。そこで図像に強そうで、授業でもひょいひょいと絵を描くのだと学生に聞いていた齋藤貴弘さんと、ギリシアで多くのところを一緒に旅行していろいろな写真を撮っていることを知っていた竹内一博さんを誘ってみることとした。幸い二人は快諾してくれて、執筆者はそろうこととなった。しかし、三人ともその時には別の仕事があって、本書にすぐ取りかかるわけにはいかなかった。

執筆者三人がようやくこの仕事に取りかかれるようになったのは二〇一八年に入ってからだった。担当のところの文章を書いて皆に回し、意見を言い合い、時として添削をした。それがほぼ出来てから、今度は図像を本格的に探し始めた。図像はいろいろなところにあふれているように思えたし、これを使おうと思っていたものもあった。しかし、いざよく検討してみるとカラーでなかったり、ここでの話にうまく合わなかったりするものもあって、それほど簡単に図像が集まったわけではなかった。著作権の関係で使うのを諦めざるを得ないものもあった。そうした中で齋藤さんは、種々の本だけでなく多くのサイトから、あっという間に図像を集め、執筆者共同のフォルダに三〇〇点以上をアップしてくれた。また、現在の同僚で近現代ギリシア史専攻の村田奈々子さんはきれいな図像が載っている本を惜しげもなく貸してくれると共に、彼女のギリシア留学時代に、これは将来きっと役立つと確信して取っておいたという新聞の日曜版を貸してくれた。段ボール箱四箱分に上る資料のうち今回は一箱分だけしか見られなかったのだけれども、ずいぶん有用な図が載っていて非常に助けられた。しかも、そこにある現代ギリシア語などについて質問に行くと、懇切丁寧な説明と共に現代ギリシアの状況をさまざまに教えてくれ、そのいくらかを本書に反映させることもできた。それは、やはりギリシア滞在の長い竹内さん（本書執筆中にアテネ大学は彼に博士号を与えることを決定した）のもたらす情報と共に、量的にはわずかであるけれども、本書の誇るべき特色の一つとなっている。

さて、こうやって集めた図像だが、そのどれを使うかの検討は重複を省くためにも是非必要な作業だった。これまでのスカイプでの会議は三回におよび、一回に八時間以上を要することもあったが、これまで文字史料を主として扱ってきた三人にとっては面白い経験だった。古代ギリシアに関わってこれほど多くの図像を用意することが出来るというのは一つの驚きだったが、それでも使う図像が容易に見つからない分野もあって、乏しい記憶を頼りに使えそうな図像を探したり、ほかのところに使う予定の図像を回したり、かなりの打合せを必要とした。この時私たちが選定した図像は三七〇点に上ったが、その後本書の物理的容量などに合わせて一〇〇点ほどを削ることとなった。

ところで、図像の一つ一つをどう読み取るかというのは実は難しい問題である。それがごく一般的な日常を示すのか、特殊な例外的状況を示すのか、図像は何も語らない。それでいて図像の持つインパクトは強いから、図像一つが非常にミスリーディングな意味を持ってしまう可能性がある。それを避けるためには、一つ一つの丁寧な読み取りと、それを相対化する別の図像の探索が必要になるが、今回そうしたことが十分果たされたとは言い難かろう。私たちは図を集めることに急で、その一つ一つを吟味することに多くの力を注げなかった。しかし、日常生活を考える上で基本的な図像は集め得たと思う。図像の細かな検討の上ではないかもしれないが、一つの見方を示したと思う。人々の暮らしという漠としたものにたどり着く何らかのとっかかりを与えていることは確かだろう。これまで、古代ギリシアの日常生活を研究したいと言ってくる学生に、「それは止めた方が好い」と言うのを常としたが、これからは「ともかくもこれを見てみれば」と本書を示すことができる。その先は、図像史料という大海をどのような創意と工夫を持って乗り越えるかという、各人の問題にかかってこよう。インターネットの普及で研究環境は整いつつあるから、どうか勇気を持って大海に乗り出し、本書の至らぬ所を正した上乗り越えて頂けたらと願っている。

執筆者を代表して
髙畠純夫

Gainsford, P., *Early Greek Hexameter Poetry*, Cambridge, 2015.

Gawlinski, L., *The Athenian Agora: Museum Guide*, Princeton N. J., fifth ed., 2014.

Irby, G. L. (ed.), *A Companion to Science, Technology, and Medicine in Ancient Greece and Rome*, Chichester 2016.

Johansen, K. F., *The Attic Grave-Reliefs*, Copenhagen, 1951.

Kagan, D. and Viggiano, G.F., (eds.), *Men of Bronze: Hoplite Warfare in Ancient Greece*, Princeton N.J., 2013.

Kaltsas, N. and Shapiro, A. (eds.), *Worshiping Women: Ritual and Zreality in Classical Athens*, N.Y., 2008.

Keesling, C. M., *Early Greek Portraiture: Monuments and Histories*, Cambridge, 2017.

Keesling, C. M., Syeris, Diakonos of the Priestess Lysimache on the Athenian Acropolis (*IG* II^2 3464), *Hesperia* 81 (2012), pp. 467-505.

Knell, H., *Athen im 4. Jahrhundert v. Chr.: Eine Stadt verändert ihr Gesicht*, Darmstadt, 2000.

Knigge, U., *The Athenian Kerameikos: History-Monuments-Excavations*, (trans. by J. Binder), Athens, (originally German in 1988)1991.

Korres, M., *The Stones of the Parthenon*, Athens, 2000.

Kypraiou, E. (ed.), *Eridanos: The River of Ancient Athens*, Athens, 2000.

Lang, M. (ed.), *Waterworkers in Athenian Agora* (Agora Picture Book vol.11), Princeton N.J., 1968.

Lang, M. (ed.), *The Athenian Citizen: Democracy in the Athenian Agora* (Agora Picture Book vol. 4), Athens, revised ed. 2004.

Lawton, C. L., *Attic Document Reliefs: Art and Politics in Ancient Athens*, Oxford, 1995.

Lewis, S., *The Athenian Woman: An Iconographic Handbook*, London and N.Y., 2002.

Lissarrague, F., *Greek Vases: The Athenians and their Images*, Eng. ed. 2001.

Llewellyn-Jones, L., *Aphrodite's Tortoise: The Veiled Woman of Ancient Greece*, Swansea, 2003.

Lonsdale, S. H., *Dance and Ritual Play in Greek Religion*, London, 1993.

Magariti, K., Lament and Death instead of Marriage, *Hesperia* 87, 2018, pp.91-176.

Mertens, J. R., *How to Read Greek Vases*, New Haven & London, 2010.

Neils, J. and Oakley, J. H. (eds.), *Coming of Age in Ancient Greece: Images of Childhood from the Classical Past*, New Hampshire, 2003.

Oakley, J. H. and Sinos, R. H., *The Wedding in Ancient Athens*, Madison, 1993.

Petrakos, V. Ch., *Ὁ δῆμος τοῦ Ραμνοῦντος, vol. II: Οἱ ἐπιγραφές*, Athens, 1999.

Royer,S., Salles, C. and Trassard, F., *La vie des Grecs au temps de Périclès*, Paris, 2003.

Sekunda, N., *Greek Hoplite 480-323 BC*, Oxford, 2000.

Shapiro, H. A. (ed.), *The Cambridge Companion to Archaic Greece*, Cambridge, 2007.

Stampolidis, N. Chr. and Tassoulas, Y. (eds.), *Hygieai: Health, Illness, Treatment from Homer to Galen*, Athens, 2014.

Stewart, A., *Classical Greece and the Birth of Western Art*, Cambridge, 2008.

Stier, H.-E. (ed.), *Westerman Grosser Atlas zur Weltgeschichte*, Braunschweig, 1976.

Talbert, R. J. A. (ed.), *Barrington Atlas of the Greek and Roman World*, Princeton, 2000.

Thesaurus Cultus et Rituum Antiquorum I, Los Angels, 2004.

Thompson, H. A., Activities in the Athenian Agora 1958, *Hesperia* 28 (1959), pp. 91-108.

Tsigakou, F.-M., *The Rediscovery of Greece: Travellers and Painters of the Romantic Era*, London, 1981.

Valavanis, P., *Games and Sanctuaries in Ancient Greece*, LA., 2004.

van Wees, H., *Greek Warfare: Myths and Realities*, London, 2004.

Vermeule, E., *Aspects of Death in Early Greek Art and Poetry*, Berkeley etc., 1979.

Wycherly, R. E,. *The Stones of Athens*, Princeton, 1978.

Η Καθημερινή, Επτά ημέρες, 18 Ιουνίου 2000, 14.

Η Καθημερινή, Επτά ημέρες, 3 Ιουνίου 2001, 3.

Η Καθημερινή, Επτά ημέρες, 13 Μαΐου 2001, 5.

Η Καθημερινή, Επτά ημέρες, 4 Μαρτίου 2001, 9.

Alchetron Free Social Encyclopedia for the World
https://alchetron.com/

Athenian Agora Excavations
http://www.agathe.gr/

Balneorient-Hypotheses
https://balneorient.hypotheses.org/2477

The Met Collection: Metropolitan museum of Art
https://www.metmuseum.org/art/collection

Nike is now
http://www.nikeisnow.co.uk/

The Fitzwilliam Museum
http://www.fitzmuseum.cam.ac.uk/

Theoi: Greek Mythology
http://www.theoi.com/

Wikimedia Commons
https://commons.wikimedia.org/wiki/

[古典史料引用文献]

翻訳は以下の邦訳文献を参照しつつ、適宜修正を加えた。また、これらに頼らず独自の訳によった場合もある。

・西洋古典叢書（京都大学学術出版会）
　アイスキネス『弁論集』（木曽明子訳）
　イソクラテス『弁論集2』（小池澄夫訳）
　クセノポン『ソクラテス言行録1』（内山勝利訳）
　デモステネス『弁論集2』（木曽明子訳）
　トゥキュディデス『歴史1』（藤縄謙三訳）
　プラトン『饗宴/パイドン』（朴一功訳）
　ヘシオドス『全作品』（中務哲郎訳）
　リュシアス『弁論集』（細井敦子・桜井万里子・安部素子訳）
・ギリシア喜劇全集（岩波書店）
　アリストファネス
　　『アカルナイの人々』（野津寛訳）
　　『女の議会』（西村賀子訳）
　　『騎士』（平田松吾訳）
　　『雲』（橋本隆夫訳）
　　『蜂』（中務哲郎訳）
　　『リューシストラテー（女の平和）』（丹下和彦訳）
・ギリシア悲劇全集（岩波書店）
　エウリピデス
　　『ヒケティデス（救いを求める女たち）』（橋本隆夫訳）
・アリストテレス全集（岩波書店）
　　『アテナイ人の国制』（橋場弦訳）
・岩波文庫（岩波書店）
　パウサニアス『ギリシア案内記』（馬場恵二訳）
　ヘロドトス『歴史』（松平千秋訳）
　ホメロス『イリアス』（松平千秋訳）

[碑文史料]

GHI: Rhodes, P. J. and Osborne, R. (eds.) , *Greek Historical Inscriptions 404-323 BC*, Oxford, 2003.

【参考文献・図版引用文献・古典史料引用文献・碑文史料】

[参考文献] ＊書籍のみ記載

澤田典子『アテネ民主政——命をかけた八人の政治家』講談社選書メチエ、2010年
澤柳大五郎『アッティカの墓碑』グラフ社、1989年
周藤芳幸『図説 ギリシア——エーゲ海文明の歴史を訪ねて』河出書房新社、1997年
N.スパイヴィ（福部信敏訳）『ギリシア美術』（岩波世界の美術）岩波書店、2000年
中務哲郎『極楽のあまり風——ギリシア文学からの眺め』増補版、ピナケス出版、2016年（初版2014年）
芳賀京子監修『The Beautiful Body——大英博物館　古代ギリシャ展　究極の身体、完全なる美』朝日新聞社、2011年
芳賀京子監修『古代ギリシャ——時空を超えた旅』朝日新聞社・NHK・NHKプロモーション・東映、2016年
樋脇博敏『古代ローマの生活』角川ソフィア文庫、2015年
前沢伸行『ポリス社会を生きる』山川出版社（世界史リブレット）、1998年

Camp, J. M. and Mauzy, C. A. (eds.), *The Athenian Agora: New Perspectives on an Ancient Site* (Zaberns Bildbände Archäologie), Mainz, 2010.
Camp, J. M., *The Athenian Agora: A Short Guide to the Excavations* (AgoraPicture Book vol. 16), Athens, 1976.
Crouch, D. P., *Water Management in Ancient Greek Cities*, New York, Oxford, 1993.
Dalby, A. and Grainger, S., *The Classical Cookbook*, London, (1996)revised ed. 2000.
de Souza, Ph., *Essential Histories: The Peloponnesian War 431-404BC*, N.Y. and London, 2003.
Dillon, *M., Girls and Women in Classical Greek Religion*, London and N.Y., 2002.
Edwards, M. (tr.), *Isaeus*, Austin, 2007.
Flower, M. A., *The Seer in Ancient Greec*e, Berkeley and Los Angels, 2008.
Garland, R., *Daily Life of the Ancient Greeks*, Westport, Connecticut, London, 2nd. ed., 2009.
Grace, V. R., *Amphoras and the Ancient Wine Trade* (Agora Picture Book vol. 6), Princeton N. J., rev. ed., 1979.
Kaltsas, N. and Shapiro, A. (eds.), *Worshiping Women: Ritual and Rreality in Classical Athens*, N.Y., 2008.
Karakasi, K., *Archaic Korai*, Los Angels, 2004.
Kavvadias,G. and Giannikapani, E. (eds.), *North, East and West Slopes of the Acropolis: Brief History and Tour*, (trans. by M. Caskey), Athens, 2004.
Lambert, S.D. (ed.), *Sociable Man: Essays on Ancient Greek Social Behaviour in Honour of Nick Fisher*, Oxford, 2011.
Lazaridou, K. and Dakoura-Vogiatzoglou, O. (eds.), *Hills of Philopappos, Pnyx, Nymphs: Brief History and Tour*, (trans. by D. Andrianou), Athens, 2nd ed. 2009.
Lewis, S., *The Athenian Woman: An Iconographic Handbook*, London and N.Y., 2002.
Lucore, S. K. and Trümper, M. (eds.), *Greek Baths and Bathing Culture: New Discoveries and Approaches*, Leuven, Paris, Walpole MA, 2013.
Osborne, R., *The Athenian Empire*, LACTOR 1, London, 2000.
Sofroniew, A., *Household Gods: Private Devotion in Ancient Greece and Rome*, Los Angeles, 2015.
Spantidaki, S., *Textile Production in Classical Athens*, Oxford and Philadelphia, 2016.
Thompson, D., *An Ancient Shopping Center* (Agora Picture Book vol. 12), Princeton, N. J., rev. ed., 1993.
Travlos, J., *Bildlexikon zur Topographie des antiken Attika*, Tübingen, 1988.
Travlos, J., *Pictorial Dictionary of Ancient Athens*, New York, 1971.
Vikatou, O., *Olympia: The Archaeological Site and the Museum*, Athens, 2006.
Waterfield, R., *Athens; A History from Ancient Ideal to Modern City*, New York, 2004.
Wilson, P. (ed.), *The Greek Theatre and Festivals: Documentary Studies*, Oxford, 2007.

[図版引用文献・WEB]

古代オリエント博物館・岡山市立オリエント美術館編『壺絵が語る古代ギリシア——愛と生、そして死』山川出版社、2000年
周藤芳幸『物語　古代ギリシア人の歴史』光文社新書、2004年
中村るい『ギリシャ美術史入門』三元社、2017年
浜本隆志『鍵穴から見たヨーロッパ——個人主義を支えた技術』中公新書、1996年

Adkins, L. and Adkins, R. A., *Handbook to Life in Ancient Greece*, Oxford and N.Y., 1997.
Backe-Dahmen, A., Kästner, U., and Schwarzmaier, A. (eds.), *Greek Vases: Gods, Heroes and Mortals*, London, 2010.
Barringer, J. M., *The Art and Archaeology of Ancient Greece*, Cambridge, 2014.
Boardman, J. (ed.), *The Cambridge Ancient History Plates to Vol. V and VI*, Cambridge, 1994.
Boardman, J., *The History of Greek Vases: Potters, Painters and Pictures*, London, 2001.
Brinkmann, V., Dreyfus, R., Koch-Brinkmann, U. (eds.), *Gods in Color: Polychromy in the Ancient World*, Munich, London, N.Y., 2017.
Browning, R. (ed.), *The Greek World: Classical, Byzantine and Modern*, London, 1985.
Camp, J. M., *The Archaeology of Athens*, New Haven and London, 2001.
Cartledge, P. (ed.), *Cambridge Illustrated History: Ancient Greece*, Cambridge, 1998.
Casson, L., *Ships and Seafaring in Ancient Times*, London, 1994.
Casson, L., *The Ancient Mariners: Seafarers and Sea Fighters of the Mediterranean in Ancient Times*, Princeton N. J., 2nd. ed. 1991.
Clackson, J., *Language and Society in the Greek and Roman World*, Cambridge, 2015.
Clark, A. J. et al. (eds.), *Understanding Greek Vases: A Guide to Terms, Styles, and Techiniques*, Los Angels, 2002.
Cohen, A. and Rutter, J. B. (eds.), *Constructions of Childhood in Ancient Greece and Italy*, Princeton N. J., 2007.
Cohen, B. (ed.), *The Colors of Clay: Special Techniques in Athenian Vases*, Los Angels, 2006.
Connelly, J. B., *Portrait of a Priestess: Women and Ritual in Ancient Greece*, Princeton, 2007.
Connelly, J. B., *The Parthenon Enigma*, New York, 2014.
Curtius, E., Kaupert, J. A., and Milchhöfer, A. (eds.), *Karten von Attika*, Text I-IX, Berlin 1881-1900.
de Souza, P., *The Peloponnesian War 431-404 BC*, Oxford, 2002.
Dillon, J., *Salt and Olives: Morality and Custom in Ancient Greece*, Edinburgh, 2004.
Dillon, M., *Girls and Women in Classical Greek Religion*, London and N.Y., 2002.
Du Bosphore à l'Adriatique: Des photographes français découvrent les monuments des Balkans 1878-1914, Paris, 2009.
Eidinow, E., *Oracles, Curses, and Risk among the Ancient Greeks*, Oxford, 2007.
Eleftheratou, S. (ed.), *Acropolis Museum Guide*, Athens, 2015.
Fachard, S. and Pirisino, D., Route out of Attica, in M. M. Miles (ed.), *Autopsy in Athens*, Oxford and Philadelphia, 2015, pp. 139-153.

◉著者略歴

髙畠純夫（たかばたけ・すみお）
はじめに、第1章、第2章4・6節、第3章5・6節、第4章4・5節、コラム1・2・6・8・12・13 担当
一九五四年生まれ。東京大学大学院人文科学研究科西洋史博士課程単位取得退学。現在、東洋大学教授。専門は古代ギリシア史。著書に『アンティポン／アンドキデス弁論集』（京都大学学術出版会）、『アンティフォンとその時代』（東海大学出版会）、『古代ギリシアの思想家たち』（山川出版社）、『ペロポネソス戦争』（東洋大学出版会）などがある。

齋藤貴弘（さいとう・たかひろ）
第2章1・2節、第3章2・3・7節、第4章1・2節、コラム3・4・5・10・11 担当
一九六九年生まれ。東京都立大学大学院人文科学研究科史学専攻博士課程所定単位取得退学。現在、愛媛大学法文学部准教授。専門は古典期アテナイを中心とした古代ギリシア史。著書に『文献解説 ヨーロッパの成立と発展』『神は細部に宿り給う――上智大学西洋古代史の20年』（共に南窓社、共著）、『歴史家の散歩道』（上智大学出版、共著）などがある。

竹内一博（たけうち・かずひろ）
第2章3・5節、第3章1・4節、第4章3節、コラム7・9・14・15 担当
一九七八年生まれ。神戸大学大学院文化学研究科博士課程修了（学術博士）。アテネ・国立カポディストリアス大学大学院歴史学・考古学科博士課程修了（PhD）。現在、明治大学文学部兼任講師など。専門は古代ギリシア史と碑文学。主な論文に *Land, Meat, and Gold: The Cults of Dionysos in the Attic Demes* (PhD Thesis)、Ten Notes on Inscriptions from the Attic Demes (*Horos* 22-25, 2010-13, 85-106) などがある。

ふくろうの本

図説 古代ギリシアの暮らし

二〇一八年一一月二〇日初版印刷
二〇一八年一一月三〇日初版発行

著者……………………髙畠純夫・齋藤貴弘・竹内一博
装幀・デザイン………日髙達雄＋伊藤香代（蛮ハウス）
発行者…………………小野寺優
発行……………………株式会社河出書房新社
〒一五一-〇〇五一
東京都渋谷区千駄ヶ谷二-三二-二
電話 〇三-三四〇四-一二〇一（営業）
〇三-三四〇四-八六一一（編集）
http://www.kawade.co.jp/
印刷……………………大日本印刷株式会社
製本……………………加藤製本株式会社

Printed in Japan
ISBN978-4-309-76275-3

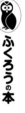